社会组织公共政策倡导能力建设手册

CECA编委会◎编著

当代世界出版社
THE CONTEMPORARY WORLD PRESS

图书在版编目（ＣＩＰ）数据

社会组织公共政策倡导能力建设手册 / CECA 编委会
编著 . -- 北京：当代世界出版社，2024.3
ISBN 978-7-5090-1770-8

Ⅰ．①社… Ⅱ．① C… Ⅲ．①社会组织管理－公共政
策－中国－手册 Ⅳ．① C916.1-62

中国国家版本馆 CIP 数据核字 (2023) 第 176804 号

书　　名：社会组织公共政策倡导能力建设手册
作　　者：CECA 编委会
监　　制：吕辉
责任编辑：孙真
出版发行：当代世界出版社有限公司
地　　址：北京市东城区地安门东大街 70-9 号
邮　　编：100009
邮　　箱：ddsjchubanshe@163.com
编务电话：(010) 83908377
发行电话：(010) 83908410 转 806
传　　真：(010) 83908410 转 812
经　　销：新华书店
印　　刷：固安兰星球彩色印刷有限公司
开　　本：700 毫米 ×1000 毫米　　1/16
印　　张：13.5
字　　数：162 千字
版　　次：2024 年 3 月第 1 版
印　　次：2024 年 3 月第 1 次
书　　号：ISBN 978-7-5090-1770-8
定　　价：68.00 元

编委会名单

秉宾 楚君 东晔 翰扬

红玲 佳玮 佳莹 静宇 文洁

潇然 雪婷 胤浠 志坚 中晓

前言

　　中国公益行业一路走来，涉及的领域十分广泛，从细致的微观社区行动，到坚韧推进的生物多样性保护，从精准扶贫，到乡村振兴……在这些领域中，众多的社会组织和公益人秉持着平等、尊重、公正等公益精神，矢志不渝地探索前行着。成立于 2008 年的万科公益基金会作为公益圈的一员，虽历史不算悠久，但始终希望以善款助专业促成长，为中国公益行业不断壮大而添砖加瓦。

　　作为民政部主管的全国性 4A 级社会组织，自 2018 年起，万科公益基金会秉持"研究—试点—赋能—倡导"的工作价值链，致力于构建公益强生态。迄今，我们已与全国 400 余家伙伴机构合作，在 300 多个社区中推动各类行动，在政策框架下探索社会问题解决之道；我们注重及时总结行动经验、提炼知识，希望助力于基层社会治理的路径探索。在这个历程中，我们也观察和了解到目前国内社会组织对基于行动的社会公共政策倡导能力提升有较为迫切的需求。

　　另外，我们也看到，继党的十八大提出"加快形成党委领导、政府负责、社会协同、公众参与、法治保障的社会管理体制"后，党的二十大站在推进国家安全体系和能力现代化的战略高度，"对完善社会治理体系作出新的部署，健全共建共治共享的社会治理制度，提升社会治理效能"。国家正在加快完善社会治理体系的步伐，强调社会协同、公众参与和法治建设，这无疑也对国内社会组织提出了更高的能力要求。

正是在上述背景下，2020 年起，万科公益基金会支持合作伙伴珠湾人和生态环境研究中心（以下简称"CECA"），连续三年举行面向社会组织的"公共政策倡导能力建设项目"，将 CECA 深耕数年积累而成的政策研究方法、倡导路径和知识框架进行细致梳理和针对性转化，整合行业内已有优秀经验，通过"工作坊—深度咨询—线上陪练—参与两会提案"为流线的赋能过程，先后为全国范围内 57 家社会组织赋能方法、提升能力。在这一过程中，伙伴们逐渐结成了共生协力的合作关系，共同丰富着社会组织政策倡导能力建设的内容和方法，先后共有 20 份提案议案通过代表委员提交至全国、省级和市区级两会；越来越多的伙伴也希望推己及人，将令自身受益颇深的收获传递给行业内更多的机构与伙伴。授人以鱼，莫若授人以渔——将行动经验与思考心得转化为可以不断学习的知识，助力那些希望提升公共政策倡导能力的社会组织，这正是我们编写这本书的初衷。

感谢合作伙伴珠湾人和生态环境研究中心一路携手共同探索，CECA 团队的专业、勤勉与执着是这本书能够完成的重要保障；感谢助力书稿完善的顾问专家们，他们以自身丰富积累提升了这本分享手册的质量；感谢积极参加培训工作坊、一遍遍打磨提案议案的社会组织伙伴们，践行着以知识生产助力社会建设的责任，共同助力社会协同、公众参与和法治建设水平的不断提高。

衷心祝愿各位读者经由此书，有所得，有所思，更有所行动。与大家共勉。

2023 年 7 月

万科公益基金会

序一

2019 年年末，我们第一次与万科公益基金会接触。会面中除了交流双方的业务，基金会的同事就我们的工作方法、对政策倡导的切入点，表达了好奇和认可。当时 CECA（珠湾人和生态环境研究中心简称）的业务集中在推动政策的改良和落地上，还没有开展过赋能培训项目，因此见面后我们也就时不时有些工作交流，并未想过有其他可能。2020 年 4 月，万科公益基金会负责政策倡导的同事提出，可以考虑通过建立一个独立工作坊，向更多一线社会组织[①]分享 CECA 的政策倡导工作经验。

2020 年 9 月，在基金会支持下，我们组织了第一次线下工作坊，主题就叫"2020 年公共政策倡导能力建设工作坊"。出乎我们意料的是，在政府相关体系内开展政策倡导，正是许多一线社会组织需要的技能。之后两年多时间，即使时不时面临疫情冲击，我们仍然举办了 5 次与政策倡导相关的工作坊，为超过 100 家机构的 167 位公益工作者提供了服务；内容也由培训工作坊课程，

[①] 本手册所指的社会组织，除在民政部以及各级民政部门登记注册的基金、社会服务机构（民办非企业单位）、社会团体，也包含以工商注册从事公益慈善活动的机构。

慢慢发展成更全面的培训项目，包括线下工作坊、线上陪伴咨询、法规政策梳理及推动两会提案议案等。

　　一路行来累积的经验让我们意识到：一线社会组织在践行扎实的社区行动的同时，普遍存在一些能力提升点——对政策倡导重要性的认识有限、推动政策改善的能力也存在较大不足；此外，一线社会组织在机构能力建设方面常常缺乏体系化管理，内部能力未能有效承传累积，故而难以将关注议题及积累的成果转化为长远影响；在"穷忙"追逐表层问题中，"无暇、无资源"了解问题背后的国家顶层政策设计，往往导致所关注议题不太符合实际需要，开展社会公益活动时也会出现难以及时适应政策变动等困境。

　　针对以上挑战，2021年年中，万科公益基金会同人提出一个想法：总结两年工作坊课程、学员案例，以及梳理国家相关法规政策，汇总成一本手册，提供给社会各界有需要的机构与伙伴，便于他们系统学习工作方法和技巧。由这个想法开始，基金会两位同事、八家社会组织、五位专家顾问，CECA四位全职同事和六位志愿者，历时八个月，六易文稿，最终形成了这本七万字的手册。

　　特别鸣谢万科公益基金会的支持。有别于业内一般的项目合作，或是针对组织负责人的人才培育项目，万科公益基金会通过支持设立重点项目（培训工作坊系列、知识手册撰写等），不仅为公益行业产出了一本可供反复使用和打磨的工作指南，而且也助力我们机构走出了业务发展的迷茫期，确立了将推动一线公益组织政策倡导能力的培育作为CECA的关键业务之一。透过他们的鼓励，我们在跟超过100家伙伴组织互动交流后，更加肯定了政策倡导能力对于中国一线社会组织的成长是非常重要且必要的提升点①。

感谢万科公益基金会的支持，我们协力走出了大胆尝试创新的第一步。也在此特别鸣谢手册编写过程中给予指导的专家老师，他们是中国人民大学公共管理学院公共财政与公共政策所毛寿龙教授、复旦大学社会管理与社会政策系赵德余教授、浙江敦和慈善基金会秘书长林红老师，感谢各位在本书撰写过程中的耐心指导，让我们团队得以将经验沉淀提升。一并感谢在这几年间参加了工作坊、与我们就政策倡导能力建设进行互动交流的社会组织同人们，本书得以结集出版也受益于各位的思考与行动。

本手册集合众人的智慧和力量，由多人合力撰写，最终由 CECA 全职人员统稿。由于时间所限，内容难免存在疏漏，先行致歉，并欢迎联络我们指正与交流。

2023 年 6 月

珠湾人和生态环境研究中心

网址：https://www.cecaprd.org/

邮箱：info@cecaprd.org

---

① 截至 2023 年全国两会，共 19 家社会组织，分别就古井保护、可降解厨余垃圾袋推广、水源地环境信息公开、河流域禁渔期执法、乡村儿童性教育、循环塑料包装推广、岸电使用、大学生教育、医疗废弃物处理、农业种质资源农家保护与利用、临期食品捐赠机制、特殊儿童"随班就读"等问题提出了 20 条政策建议，并通过人大、政协将这些政策建议递交相关政府部门。2021 年，CECA 针对地方法规提出的修订建议中有 7 条获政府部门采纳；2022 年与 2023 年的全国两会上，CECA 提出的 8 条相关环保政策改良建议获委员采纳提交。

序二
社会组织政策倡导能力的一本力作

古希腊思想家毕达哥拉斯认为，这个世界是由数学构成的。人们刚开始学到这一点的时候，觉得毕达哥拉斯太荒谬了。不过，数学家并不这样认为，这个世界的确可以用数学表达出来，它是符合数学原理的。而且现在是数字时代，这个世界，的确是越来越数字化了。

古希腊哲学家柏拉图则认为，理想国是由哲学王，也就是智慧之王统治的。人们刚开始学到这一点的时候，觉得柏拉图太伟大了。人之为人，就是因为有智慧。一个理想的国家，就是需要智慧和权力的结合。后来培根说，知识就是力量，这句话的英文是"Knowledge is power"，也可以翻译成知识就是权力。大家也深以为然。

不过，将智慧和权力结合而成为哲学王，其实一直都只存在于柏拉图的理想国中。历史上，统治这个世界的其实都是权力和利益。至于智慧，往往是核心权力和利益的边缘圈，而且往往是当摆设的花瓶。

在现代世界，这一切都有了现实的变化。而改变这一切的，则是现代公共政策实施的过程。在现代公共政策实施的过程中，不仅有权力的博弈、利益的冲突和交换，还有智慧。但，无论是权力、利益，还是智慧，要影响这个世界，还需要纳入政策议程。

所以，在政策分析家看来，现代世界是由政策组成的。现代文明，也是高质量的公共政策实施的结果。高质量的公共政策，需要很多元素，其中社会组织在公共政策实施过程中的作用不容忽视。充分发展的社会组织，如果能够在公共政策实施过程中发挥重要的作用，那么不仅大众的利益能够在公共政策实施过程中得到充分的表达，让政策利益更加包容大众利益，而且也能够提升公共政策实施过程的智慧水平。而这一切，又取决于社会组织政策倡导专业能力的提升。

在公共政策学界，有关政策倡导的学术研究已经不少了，但有关社会组织政策倡导手册的编写，笔者仅看到过自然之友编写的《环境政策倡导手册》。现在摆在大家面前的《社会组织公共政策倡导能力建设手册》，是继《环境政策倡导手册》之后的又一本社会组织公共政策倡导能力建设的力作。这本手册的亮点是，给社会组织公共政策倡导能力提供了自我评估的模板、政策倡导实战工作技巧和模型，还提供了定期评估政策倡导能力和效果的工具。相信对于正处在迅速发展过程中的社会组织，有很实际的帮助作用。也相信中国的公共政策的实施，能够在各种社会组织政策倡导能力日渐提升的支持下，得到更进一步的改善。

毛寿龙

中国人民大学公共管理学院公共财政与公共政策所教授

序三

　　社会组织、公民和政府之间的良性互动关系对于一个国家的治理能力与治理体系的现代化至关重要。很显然，成熟和优良的社会互动关系不仅仅是政府的政策指令传递给社会组织和公众，而且也是公众和社会组织将其声音或权利、利益诉求乃至政策感知包括评价和建议传递给政府的过程。其中，公众和社会组织也许会各自独立地向政府表达其态度或声音（如公众信访和抗议等），但是，在很多情形下，社会组织和公众之间也会协同发出声音，特别是社会组织从与其稳定的服务对象或公众的联系中获得了足够的信息和知识，如农民专业合作社在农户的生产资料采购、农药化肥的使用方式以及农产品的销售过程等方面拥有非常丰富的知识，从而了解农户对于农药化肥的减量政策和农产品销售价格政策的态度或呼声（如对农业生产资料价格上涨过快和农产品价格过低的担忧）。于是，社会组织如农民专业合作社在向政府相关部门传递其政策建议或倡导时是无法回避农户的态度或利益诉求的。可见，相对于公众自身的政策呼声而言，社会组织作为一种独特的社会力量对政府进行政策倡导活动会更具有专业性和影响力。

　　政策科学家在研究政策议程设置或社会组织进行政策倡导时，会构建各种模式化的分析结构框架，以展示和揭示影响政策倡导的各种复杂的政治、经济、技术和社会文化等方面的因素。虽然一些政策研究者有留意到各类社会组织在政策倡导过程中所采取的策略与技巧，但是，这些社会组织在进行政策倡导的实践活动中所积累的专业性知识大多只能留在一些机构中。从这一点来说，基于政策倡导实践的一线社会组织作为行动者，事实上可以掌握比较丰富的案例素材和政策倡导工作的实际策略技巧。那么，如何将这些有价值的社会组织参与政策倡导的操作策略和技巧整理出来，以专业化的知识产出形式呈现给社会组织同行乃至政策科学研究的同行，既是一项具有挑战性的研究工作，也是一件非常具有实践指导意义的事业。

　　当这本《社会组织公共政策倡导能力建设手册》的组织者找到我作为专家指导时，我一开始对于他们的工作是感到吃惊和意外的。毕竟在我的专业直觉之中，探讨社会组织开展政策倡导的策略技巧或能力问题是非常困难的，这需要对于社会组织参与政策倡导具有非常丰富和扎实的案例实践体验与知识积累（还要具有较高的政策理论知识素养）。当然，非常令人欣慰和高兴的是，在经过半年多的互动和交流之后，我拿到了编写组团队提交的这份能力建设手册初稿，这份成果基本上打消了我的顾虑。应该说，这本《社会组织公共政策倡导能力建设手册》无论是清晰合理的结构逻辑，还是简洁适用的设计构思风格都给人留下了深刻印象。对于那些缺乏政策倡导经验的社会组织而言，这本手册显然是一份非常有参考价值和实践指导意义的操作指南性资料。

　　当然，这本手册由于受编写时间仓促以及编写组专业背景的限制也会存在一些局限性。如社会组织的政策倡导案例选择主要集中于生态资源环境等领域，而对于其他议题或类型的社会组织涉及较少。和专业的政策科学研究相比较而言，本手册对于政策规则以及政策过程的概念把握还略显粗糙。此外，由于手册编写人员较多造成行文风格和语言规范也不够统一。不过，瑕不掩瑜，相信在今后的不断完善和修改过程中，该手册的质量会逐步得到提升。

最后，我也感谢本手册编写组的邀请，对于社会组织开展公共政策倡导能力建设的相关议题编写提出些许建议。我也乐于将这本《社会组织公共政策倡导能力建设手册》推荐给在校学习公共政策的学生作为教学参考资料特别是政策案例分析读物；当然，我更乐于将这本手册推荐给全国的社会组织或非营利组织的同行以及所有对社会组织和公共政策感兴趣的朋友参考阅读，相信每个人都可以从中有所获益。

赵德余

复旦大学社会管理与社会政策系教授

序四

　　再强大的社会组织，比起政府部门和商业部门来说，都是非常小的，能直接做的事情和服务的人数也是非常有限的。因此当一个社会组织向着自己的愿景前进的时候，到达某一个阶段后就必须要考虑用什么方法和路径来"升级"自己的社会影响力，让更多的人受益。"政策倡导"无疑是最有效的路径之一。

　　从事公益资助工作 12 年以来，我看到过很多项目计划书都会把"政策倡导"列为目标。但在追踪中，我发现项目人员往往只是把项目成果报告印刷出来，寄送"有关部门"，或者在某些媒体上发表。还有一些社会组织，天然认定"政策倡导"只是西方的舶来品，不适合国情，以致把自己的目光只集中在做具体工作、服务具体对象上，甚至有相关政策出台了还不知道。这无疑是非常可惜的。

　　因此，当了解到在万科公益基金会的支持下，珠湾人和生态环境研究中心梳理出我国社会组织做政策倡导的经验和成功案例，我非常欣喜地作为"观察员"参与了本手册的写作过程，见证了一群"胸怀天下、脚踏实地"的公益伙伴，一点点从框架的梳理、内容的讨论、案例的分析做起，最终完成此手册的编写。在此过程中，毛寿龙教授和赵德余教授的中肯建议和指导，让每一次研讨会都成为一个凝聚能量和信心的过程。

从一个公益资助者和实践者的视角来看，我认为本手册最大的价值在于它简明扼要而又系统地介绍了"公共政策倡导"的定义、范围、方式、渠道，同时提示社会组织如要把公共政策倡导作为目标，应该如何与自己的使命愿景、资源分配、业务模式整合在一起。这是当前中国社会组织在行动前极为欠缺，又极为关键的步骤。本手册另一个重要的价值，是它提供了丰富的国内成功案例，并进行了归类和分析，极具可操作性，可给予更多人信心。

我尤其喜欢手册中设置的"思考题"，比如"A 先生希望递交关于广州市黄埔区笔村的古荔枝树林的保护建议，该找什么部门沟通？"答案是很不容易想到的"广州市黄埔区住房和城乡建设局"，并配有整个"解题过程"，非常具有现实操作的指导性、启发性。

真心希望更多的人能看到这本手册，并从中汲取力量，点燃参与公共政策倡导的热情。"建设家园，没有旁观者"。

林红

浙江敦和慈善基金会秘书长

手册使用指南

政策倡导能力建设是社会组织在发展过程中的一个关键课题。

参与和推动政策倡导，是社会组织工作中的重要一环：在政策治理的框架内，通过将实践中积累的基层经验反馈给政策制定者，弥补顶层设计的宏观视野对微观考虑的不足，协助政府部门将治理工作做得更好。然而在实践中，许多社会组织只注重解决具体的个案问题，很少从宏观上总结和归纳个案背后是否隐藏着制度改善的可能性，以及如何通过影响政策制定，来推动"善治"。

为了有效推动上述工作，本手册共分五章：第一章概述公共政策的基本定义及法律依据；第二章强调在行动前先要梳理机构自身的状况，包括机构的核心业务、对应的法规政策、适合推动的政策倡导"痛点"；第三章讲解主要的政策倡导方式，以及如何选择切合政策倡导目标的行动组合和策略；第四章展示如何通过制定定期目标和成效评估机制，将政策倡导工作纳入机构发展的战略层面；第五章主要展示八家公益组织的政策倡导过程与成效。

参考下列的流程图，您可以按章节顺序一步一步进行操作，也可以对照自己的机构需要，直接选择相应的章节，按流程向后进行政策倡导学习。但我们强烈建议您按照本书的章节顺序进行操作，因为这样可以帮助您的机构打下更扎实的基础，从而保证后续倡导工作的顺利进行。此外，即使您处在政策倡导的后期阶段，我们也建议您时常对前面章节的内容进行回顾和夯实。因为机构的发展是动态的，只有不断地回顾总结，才能够可持续地进行有效的政策倡导工作。

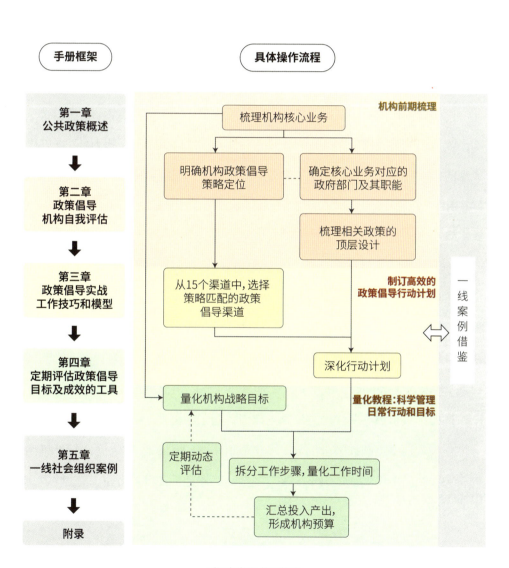

手册框架及使用指南

假如您是中小型前线社会组织[①] 负责人、大型社会组织的政策倡导部门[②] 负责人，或是有志创办以政策倡导为核心业务的社会组织公益人，刚开始为您所关注的议题，尝试了解、建立政策倡导工作，欢迎您按照本手册的章节顺序阅读学习，一步步创造出适合您的政策倡导项目。

假如您或您的机构在日常业务中触及过政策倡导工作，但未曾开始实践推动，欢迎您从第二章机构自我评估开始阅读，并试行其中的分析方法；假如您或您的机构已有3～5年的政策倡导经验，且已经有清晰的业务板块和政策倡导目标，希望通过阅读本手册提升、改良您的政策倡导项目，欢迎您直接阅读第三章，挑选适用的倡导方法来制定策略。

不论您是以上哪一类读者，我们建议在阅读的过程中，根据您所关注议题的行政层级（市、省、全国），以每年各级两会议案/提案召开会议的日期为终点，设计出适合您机构的政策倡导行动计划。因为实践是检验真理的最好方法，结合实际需要，将本手册内附带的各个评估问卷、应用练习、意见信模板、议案/提案模板等彻底"试用"，才能真正了解政策倡导工作的关键所在。

假如您只是热心关注公共议题的读者，想了解更多一线社会组织的政策倡导工作，欢迎重点阅读附录部分的多个最新案例。我国的一线社会组织在有限的资源和空间下仍然创造出不少优秀案例，感谢他们的慷慨分享，并以本手册立此存照。

---

① 全职人员为3～5位。
② 部门专职人员至少3位。

目录

第一章
公共政策概述

（一）公共政策的定义

（二）公众参与政策倡导的法律依据

（三）环境保护相关的政策倡导法律依据

本章概述

公共政策倡导的涵盖范围十分广泛，其原因之一就是公共政策本身就是一个多维度的概念。在回答我们该如何有效地进行公共政策倡导这个问题前，我们首先要了解什么是公共政策，以及为什么我们可以进行公共政策倡导。

为了解决这些疑问，本章简单介绍了公共政策的定义和公众参与政策倡导的具体法律依据，特别是与环境保护相关的政策倡导的法律依据。

（一）公共政策的定义

一直以来，国内外对"公共政策"的定义众说纷纭，陈庆云教授在其《公共政策分析》[①]一书中将"公共政策"定义为：政府、非政府公共组织和民众，

表 1.1　国家政策分类概览

	分类	具体类别	制定主体	制定依据
广义的国家政策	《中华人民共和国立法法》规定的法律	法律法规／地方性法规／自治条例及单行条例	全国／地方／自治区人大及其常委会	《中华人民共和国立法法》[②]
		行政法规	国务院	《中华人民共和国立法法》[③]
		部门规章／地方政府规章	国务院部门／地方政府	《中华人民共和国立法法》[④]
	政府规划类政策	各类规划	国务院／地方政府	《城乡规划法》[⑤]
狭义的国家政策	特指未经立法程序制定的各类行政政策性文件	行政政策规范性文件（包括各类行政机关和党政机关内部的决议、意见、通知、领导批示等）	中央和地方各类行政机关	《国务院办公厅关于加强行政规范性文件制定和监督管理工作的通知》《国务院办公厅关于全面推行行政规范性文件合法性审核机制的指导意见》等

---

① 陈庆云. 公共政策分析 [M]. 北京：北京大学出版社，2011.

② 第二章第二节 全国人民代表大会立法程序、第三节 全国人民代表大会常务委员会立法程序。

③ 第三章 行政法规。

④ 第四章第二节 规章。

⑤ 第二章 城乡规划的制定。

在对社会公共事务共同管理过程中，所制定的行为准则或行为规范。由于本手册的定位为实务操作指南，因此不在学术定义上展开阐释。

公众在日常生活中的各个方面，都离不开国家制定的政策，广义来说，"政策"是指国家、政府、政党为实现其目标而制定的总体方针、行动准则和具体行动的总和，包括行政规定／命令、各类改革意见／决议、对未来发展所作的规划等。一般来说，狭义的政策则特指中央或地方各级各类行政机关制定的行政政策性文件。这些不同效力层级的公共政策基本都各有法定的制定程序，以最常见的政策文件类别举例，其制定主体和程序都有法定的依据（如表1.1所示）。

（二）公众参与政策倡导的法律依据

在公共政策制定的过程中，我国一直鼓励公众参与和提出建议。早在党的十七大报告中就指出"制定与群众利益密切相关的法律法规和公共政策原则上要公开听取意见"。在一些类别的政策文件中，更具体清楚地规定了公众参与的权利和空间。比如：

1.《中华人民共和国立法法》规定了法律案应当通过座谈会、论证会、听证会等形式听取公众意见。

列入常务委员会会议议程的法律案，宪法和法律委员会、有关的专门委员会和常务委员会工作机构应当听取各方面的意见。听取意见可以采取座谈会、论证会、听证会等多种形式。①

⚒ 法律案有关问题专业性较强，需要进行可行性评价的，应当召开论证会，听取有关专家、部门和全国人民代表大会代表等方面的意见。论证情况应当向常务委员会报告。②

⚒ 法律案有关问题存在重大意见分歧或者涉及利益关系重大调整，需要进行听证的，应当召开听证会，听取有关基层和群体代表、部门、人民团体、专家、全国人民代表大会代表和社会有关方面的意见。听证情况应当向常务委员会报告。③

⚒ 常务委员会工作机构应当将法律草案发送相关领域的全国人民代表大会代表、地方人民代表大会常务委员会以及有关部门、组织和专家征求意见。④

---

① 《中华人民共和国立法法》（2023 年修正）第三十九条第 1 款。
② 《中华人民共和国立法法》（2023 年修正）第三十九条第 2 款。
③ 《中华人民共和国立法法》（2023 年修正）第三十九条第 3 款。
④ 《中华人民共和国立法法》（2023 年修正）第三十九条第 4 款。

2.《中华人民共和国行政许可法》中规定：

⚖ 公民、法人或者其他组织可以向行政许可的设定机关和实施机关就行政许可的设定和实施提出意见和建议。①

3.《中华人民共和国城乡规划法》中规定了编制机关应当将城乡规划草案予以公告，并采取论证会、听证会，或以其他方式征求专家和公众的意见。

⚖ 城乡规划报送审批前，组织编制机关应当依法将城乡规划草案予以公告，并采取论证会、听证会或者其他方式征求专家和公众的意见。公告的时间不得少于三十日。②

⚖ 组织编制机关应当充分考虑专家和公众的意见，并在报送审批的材料中附具意见采纳情况及理由。③

---

① 《中华人民共和国行政许可法》（2019 年修正）第二十条第 3 款。
② 《中华人民共和国城乡规划法》（2019 年修正）第二十六条第 1 款。
③ 《中华人民共和国城乡规划法》（2019 年修正）第二十六条第 2 款。

4.《中华人民共和国全国人民代表大会和地方各级人民代表大会代表法》规定：

> 代表在出席本级人民代表大会会议前，应当听取人民群众的意见和建议，为会议期间执行代表职务做好准备。[①]

5.《中国人民政治协商会议章程》规定：

> 中国人民政治协商会议全国委员会和地方委员会密切联系各方面人士，反映他们及其所联系的群众的意见和要求，对国家机关和国家工作人员的工作提出建议和批评，协助国家机关进行机构改革和体制改革，改进工作，提高工作效率……[②]

（三）环境保护相关的政策倡导法律依据

以上一节的法规为依据，不同的公共领域各有相应的法规及政策，以保障公众参与政策倡导的权利。以环境保护为例，公众参与的权利是有明确的法律支持的：

---

① 《中华人民共和国全国人民代表大会和地方各级人民代表大会选举法》（2020年修正）第七条第2款。
② 《中国人民政治协商会议章程》（2023年修订）第七条。

1. 据《中华人民共和国环境保护法》：公民、法人和其他组织依法享有获取环境信息、参与和监督环境保护的权利。①

2. 据《中华人民共和国环境保护法》：对污染环境、破坏生态，损害社会公共利益的行为，符合条件的社会组织可以向人民法院提起诉讼。②

3. 据《环境保护公众参与办法》：本办法适用于公民、法人和其他组织参与制定政策法规、实施行政许可或者行政处罚、监督违法行为、开展宣传教育等环境保护公共事务的活动。③

4. 据《环境保护公众参与办法》：环境保护主管部门应当对公民、法人和其他组织提出的意见和建议进行归类整理、分析研究，在作出环境决策时予以充分考虑，并以适当的方式反馈公民、法人和其他组织。④

5. 据《中华人民共和国政府信息公开条例》：公民、法人或者其他组织可以向地方各级人民政府、对外以自己名义履行行政管理职能的县级以上人民政府部门，申请获取相关政府信息。⑤

由于公共领域的范畴非常广泛，且各有相应的政策倡导法律依据，故不在此一一展开。本手册在第二章第四节将详细介绍如何梳理一个政策范畴的法理依据，读者可按所需选择继续按顺序阅读，或跳转到该章节深入了解有关问题。

---

① 《中华人民共和国环境保护法》（2014 年修正）第五十三条第 1 款。

② 《中华人民共和国环境保护法》（2014 年修正）第五十八条。

③ 《环境保护公众参与办法》第二条。

④ 《环境保护公众参与办法》第九条。

⑤ 《中华人民共和国政府信息公开条例》第二十七条。

第二章
政策倡导机构自我评估

本章概述

社会组织在不断试图解决更深层次的问题时，政策倡导是一个有力的工具，或者说是一条必经之路，而相关的能力建设是社会组织在发展的过程中应完成的非常重要的工作。因为，任何社会组织的工作，都带有不同程度的公共性，例如：

- 参与环境教育观鸟类的工作，日子久了自然察觉到鸟类的栖息地被不断的人类工程开发威胁；

- 指导社区垃圾分类的工作，日子久了自然会问那么多的垃圾总分不完，能不能从源头开始减废；

- 进行巡河治污类的工作，日子久了自然希望能将需要排污的工厂规划建设在远离水源地的地区。

这些"日子久了"，其实是在一线公益工作的日积月累下，察觉到除了日常的行政运作以外，社会问题背后都有着国家顶层政策设计的影响。面对这种察觉，社会组织想要参与到政策倡导工作中，改良相关的法规，这也是发展过程中自然的需求。

然而政策倡导的成功，不在于人力物力的大量投入，而在于能否精准结合机构的核心业务和见解，找到准确的政策倡导改良位置，并结合机构的工作经验，提出具体的、可操作的、符合实际需要的政策方案。因此本章分为四节，将带领大家：

（一）梳理机构核心业务

（二）明确机构的策略倡导定位

（三）寻找核心业务部门与职能

（四）梳理领域相关的政策和法规框架

　　好的政策倡导工作，能反哺机构的核心业务，提高日常业务的质量，以达到能回应国家顶层政策设计的水平。因此我们将研发的"能力评估表"放在本手册附录五，读者可以在阅读本章前先行填写，以增加对自身机构的理解。

（一）政策倡导机构现状梳理

准确高效地进行政策倡导，离不开机构清晰的自我定位和业务架构。

- 机构有没有清晰的**核心议题**？
- 机构有没有**发展战略规划**？
- **业务板块的布局**是否有效？
- **人力资源**如何投放？
- 有没有**志愿者管理系统**？
- **财务资金**结构是否稳健？

这些问题都影响着机构是否有能力参与政策倡导工作，参与程度可以有多深，更适合以何种策略进行倡导。因此，机构负责人及核心成员首先需要完整梳理机构的几个核心业务板块，再从整体层面思考政策倡导工作的布局与投入。

以下是梳理机构核心业务的六个步骤，各位读者可以预留一小时，边阅读边回答，以文字记录分析思路。

机构核心业务现状梳理的要点：

1. 在梳理过程中，可以带着更多问题，尽可能详细地写出更多细节。

2. 在搜集机构资料时，除了关注机构的成果，更重要的是在这一过程中思考机构有哪些方面是欠缺的，或者是没有对外展示出来的。

3. 需要关注机构在开展政策倡导工作中仍存在哪方面的问题，并尝试给出解决办法。在梳理过程中，分清机构目标与机构已有实践，评估机构目前距离目标有多远。

第一步：基本信息

- 机构所关注的议题 / 服务领域。

- 机构主要业务板块。

- 能不能以一句话概括机构的愿景？

- 能不能以一段话简介业务板块内容？

- ☞ 分析重点：机构业务板块越具体清晰，越能聚焦到某一领域的政策
  动态以及政策相关的部门。

第二步：机构团队情况

- 团队规模和构成如何？

- 团队稳定性如何？

- 团队成员如何分配工作？

- 新员工工作交接程序是否完善？

- 机构是否有专门收集政府政策的人员？

- 机构是否有主要战略合作伙伴？具体的合作情况如何？

- ☞ 分析重点：成员的专业背景、成员的分工与职责划分，确保政策倡导
  工作有人执行；成员的稳定性，确保政策倡导工作可以持续开展。

第三步：机构的项目、品牌建设现状

- 机构的产品有哪些？

- 产品现在的开展情况如何？

- 服务的价值和效果是否被认可？

- 是否有打造品牌项目？

- 是否有全年的宣传计划?

☞ 分析重点：可以针对不同产品本身的特点，选择不同的政策倡导路径。

第四步：机构管理现状

- 项目是怎么管理的?

- 如何管理志愿者?

- 如何管理财务?

- 是否有业务流程?

☞ 分析重点：内部资源的优化、整合可以提高政策倡导工作的效率。

第五步：机构治理现状

- 有没有理事会?

- 理事会和执行层的关系是怎样的?

- 理事会是否有资源配比能帮助机构?

☞ 分析重点：通过理事会链接外部资源可以协助政策倡导工作、扩大倡导成效等。

第六步：机构的政策倡导工作内容

- 政策倡导是否属于机构日常工作范畴?

- 机构所关注议题对应的行政主管部门有哪些?

- 是否清楚与所关注议题相关的法律、条例、规划、通知等?

- 机构在工作过程中是否有发现相关法规存在问题?

- 机构是否曾在某个法律、条例、规划的征求意见公示期间递交过相关建议? 曾遇到过哪些问题?

☞ 分析重点：检查机构政策倡导工作的进展。

在按照步骤仔细梳理完各板块的现状后，相信您对机构的基本情况、资源现状和管理现状都有了深入的了解。下一节我们将为您的机构寻找更准确的政策倡导定位。

（二）找到政策倡导机构的策略定位

提起政策倡导行动，很多人只联想到网上签名、联名写信、投书报刊等活动，而这仅仅是政策倡导的某些方面。实际上有很多其他可供选择的策略，可以推动实施政策倡导。本手册选用了四象限法（Start Hovland，2004）[①]来分析适合自身需要的政策倡导策略定位（如图 2.1 所示）。

图 2.1　政策倡导策略四象限法

---

① 有很多不同的方法可以确定政策倡导的策略定位，例如目标—受众网格法（Coffiman，2008）、科迪国际研究所的 6 大策略（Gladkikh, 2010）等，本手册对此不作具体比较，只按经验选定了四象限法作为主要工具。

1. 使用指南

（1）纵轴正方向是倾向于以事实/数据为依据的做法，负方向是倾向于价值/利益取向的做法。

（2）横轴负方向是倾向支持建制的做法，即直接向决策者提供建设性的建议，呈现出协同合作趋势；正方向倾向寻求更广泛的社会影响力以改变政策方向的做法，因此可能对决策者造成一定社会压力和挑战。

（3）将两轴结合起来，纵、横轴分割出四个象限，分别代表不同的政策倡导的方式：建议、倡议、游说、行动主义。

- 建议：基于研究结果或调查事实，直接与政府部门进行沟通，协商共治。

- 倡议：以翔实的研究或事实为基础，善用各类渠道扩大公众影响力，提升公众对倡议话题的认识，从而影响政策优化。

- 游说：以私利或价值取向为导向，直接与政府部门接触，巧妙说服决策者作出有利于该机构的决策。

- 行动主义：出于利益或价值取向的考虑，广泛动员公众对某类议题进行关注，从而影响政策施策。

（4）参考机构的发展战略和业务属性，先考虑与部门的合作程度（横坐标轴），再考虑业务的价值或数据倾向高低（纵坐标轴），便能定位出机构可采用的政策倡导策略。

（5）需要提醒的是，坐标轴及四象限是连续的，整个坐标轴的高低、左右位置均能代表采取该策略的程度。

建议（ADVISING）

建议类政策倡导行为位于左上角，倾向于直接进行建言协商活动，是基于研究或数据分析的一种策略，一般倡导规模较小。常见的采取"建议"这一政策倡导策略的组织有智库或研究者。

我们国家有一些非常知名的独立智库（例如：国观智库、零点咨询）以及研究中心和社科院（例如：国务院发展研究中心、中国现代国际关系研究院），他们一般会定期举办研讨会，研究课题产出报告等，随后通过智库所建立的渠道将研究结果递交给相关政府部门，从而完成政策倡导的行动。或是经政府部门委托研究指定的课题，研究成果可以直接协助政府有关部门进行政策的制定。

这类建议递交渠道往往是特定的或非公开的，对于一般机构来说存在一定门槛。尽管如此，目前部分政府决策发布之前，会形成征求意见稿进行公众咨询，这也算是一种门槛相对较低、特定的建议递交渠道。

倡议（ADVOCACY）

倡议类政策倡导策略，注重扩大社会影响力，同时也是基于事实和数据的科学分析与研究。这一类策略的特点是受众广泛、偏外部的压力[1]，基于数据 / 事实，联合多个机构发起倡议，共同影响政策制定走向。使用这种策略的通常是联盟类组织。

---

[1] 偏外部的压力：外部压力是指来自组织外部的各种力量，如政府、社会、市场、竞争对手等，对组织的影响和制约。

例如，公众环境研究中心（IPE）联合 26 家环保机构共同发布污染源信息全面公开的倡议，并发布蔚蓝地图 App，通过手机向公众呈现污染源在线监测数据。而公众可实时监测全国各地空气质量、水质数据，这推动了各地政府加强对污染源企业的监管，并推动了有关信息公开、空气治理等法规的完善。

游说（LOBBYING）

游说类政策倡导通常由具有利益导向或价值导向的企业、团体等多元主体进行政策倡导。这类政策倡导常见于美国，美国大选时常有院外游说集团说服一些利益相关方进行拉票。这一类政策倡导策略在我国也有，但由于涉及利益导向、偏向内部途径，所以较少出现在大众视野。

例如，在 2021 年 9 月国家发改委发布的《"十四五"塑料污染治理行动方案》中，积极推行塑料制品绿色设计任务中的增强塑料制品易回收利用性，实际上就是塑料企业游说的成果；在 2016 年全国两会期间曾有一些人士向人大代表或政协委员递交意见资料，使乙肝歧视、"瓷娃娃"罕见病等议题引起广泛关注，这些都有助于政策制度的完善。

此外，国内一些企业的政府公关部门也在做游说项目，比如在前些年，地方政府在制定一些产业政策（如水电、风电、互联网等行业）时，会邀请企业参加。

行动主义（ACTIVISM）

行动主义类政策倡导同样侧重广泛受众、基于利益的社会运动

（campaign），强调社会影响力。印制手册传单、海报等都是这一策略的常用路径，以唤醒大众对某一价值的认同。通过获得大范围的公众对同一价值的认同，来对政府部门施加外部压力，从而影响政策制定。

例如，"大家的扫把"社区项目提出倡议，希望将扫把纳入公园的常设公共设施，通过提供扫把，让公众享受扫落叶活动乐趣的同时，也减轻了环卫工人的工作压力。

2. 分析范例

以本机构为例，第一节梳理机构核心业务后，得出的业务流程如图 2.2 所示：

图 2.2　CECA 政策倡导流程

核心业务：通过积累个案跟进经验，总结填海议题背后法规存在的不足，对政府部门建言献策。结合四象限法分析后得出：

(1) CECA 高度依赖事实、法规和数据，机构的研究报告和政策建议强调呈现调查数据、个案事实，辅助说明法规政策问题，因此位于纵轴的高处。

(2) 虽然定期以推文发布研究结果，然而大多数个案均在法定公示期内与政府部门进行沟通交流，即通过固定的渠道直接向政府部门建言，属于横坐标轴中间位置。

因此 CECA 政策在四象限法图中的定位如图 2.3 所示：

图 2.3　CECA 政策倡导自我定位

提示：在这个政策倡导四象限图中，并非一定要把机构定位在某一象限内。因为横、纵坐标轴都是连续变化的，根据机构自身的定位，距离坐标轴的远近，只代表更偏向哪一种策略。而且，机构内不同的项目定位也可以不一样，关键在于按机构的资源分配选择不同的策略。

（三）了解政策倡导对应的核心业务部门与职能

政策倡导的主要对象是政府部门，倡导者宜通过提出诉求、建议、改良方案，影响政府部门的决策结果。要有效落实政策倡导工作，首先要了解机构关注议题所对应的行政主管部门及其职能。只有找对相应的政府部门，所倡议的建议才有机会实践推行。否则只会收到部门礼貌的回复，或是出现政府部门互相推诿扯皮的"踢皮球"现象。

而要找对政府部门可以从以下三步开始：

1. 了解我国政府部门的功能设计；

2. 通过职能分工逻辑寻找对应政府部门；

3. 了解不同行政级别的划分。

第一步：了解我国政府部门的功能设计 ————————————

　　改革开放以来，我国政府机构经历过 9 次重组和改革。其中 2018 年 3 月，国务院根据机构改革方案，对组成部门进行系统性重构，数量调整为 26 个，正部级机构减少 8 个，副部级机构减少 7 个。在此基础上，2023 年 3 月，国务院机构设置再次调整，但仍维持 26 个组成部门。具体如图 2.4 所示：

改革后国务院设置组成部门(国务院办公厅除外)

外交部	国防部	国家发展和改革委员会	教育部	科学技术部	工业和信息化部	国家民族事务委员会	公安部	国家安全部	民政部	司法部	财政部	人力资源和社会保障部
自然资源部	生态环境部	住房和城乡建设部	交通运输部	水利部	农业农村部	商务部	文化和旅游部	国家卫生健康委员会	退役军人事务部	应急管理部	中国人民银行	审计署

图 2.4　2023 年国务院机构改革后部门组成

除了国务院办公厅和组成部门以外，根据《国务院行政机构设置和编制管理条例》，国务院行政机构还包括国务院直属机构、国务院办事机构、国务院组成部门管理的国家行政机构和国务院议事协调机构。[①]

精确找准政府部门是了解公共政策的第一步，各级政府部门都有自己的网站，且在网站内都会对本部门的职责进行介绍。在就某项议题进行研究时，也要清楚认识相关议题的层级或面向范围的大小，来确定相应的政府部门。

第二步：通过职能分工逻辑寻找对应政府部门 ——————————

某部门具体的职能可以在其官网找到（如图2.5所示），一般的查询路径为：

1. 政府部门主页；

2. 组织机构；

3. 职能配置（主要职责）。

图2.5　生态环境部部门职能的检索路径：部门主页—组织机构—主要职责

---

① 《国务院行政机构设置和编制管理条例》第六条。

然后点选"查看详细",便能够得到更全面的职能描述(如图2.6所示)。

图 2.6　生态环境部的职能描述

职能描述中每一个词,哪怕是定语,都是明确部门职责的关键。我们举个例子进行分析:

某居民发现附近一条河流日渐黑臭,担心饮用水源受污染。假如他大概从"水治理的角度"确定了"管理该事件"的是生态环境部、自然资源部、水利部,想进一步确定管理部门,可以通过排除法逐一分析各部门的职责,比如:

例一:生态环境部职责中提到有关"水"的内容:

"会同有关部门编制并监督实施重点区域、流域、海域、饮用水水源地生态环境规划和水功能区划……制定水污染防治管理制度并实施……监督管理饮用水水源地生态环境保护工作。"①

① 生态环境部职责. 中华人民共和国生态环境部官网 [EB/OL].[2022-07-14]https://www.mee.gov.cn/zjhb/zyzz/201810/t20181011_660310.shtml.

分析：从这些职能描述可见，生态环境部关于"水"的职能主要是水资源保护、一些重点位置的水生态环境规划和水污染防治。

例二：同样是管理"水"，水利部的职责中写道：

"水资源的合理开发，拟订水利战略规划和政策，起草有关法律法规草案，制定部门规章，组织编制全国水资源战略规划、国家确定的重要江河湖泊流域综合规划、防洪规划等重大水利规划……指导重要江河湖泊及河口的治理、开发和保护……指导河湖水生态保护与修复……负责建设项目的水土保持工作。"[1]

分析：从这些职能描述可见，水利部关于"水"的职能主要是水土保持、水利规划、水体污染治理、水生态修复等。

例三：同样是管理"水"，自然资源部的职责中写道：

"海洋开发利用和保护……海岛保护与利用管理……海洋生态、海域海岸线和海岛修复等工作……监督管理地下水过量开采问题等。"[2]

分析：从这些职能描述可见，自然资源部关于"水"的职能主要涉及海洋水资源。

---

[1] 水利部组织机构. 中华人民共和国水利部官网 [EB/OL].[2022-07-14]. http://www.mwr.gov.cn/jg/zz/jg/gyslbl/.

[2] 自然资源部职能配置. 中华人民共和国自然资源部官网 [EB/OL].[2022-04-06]. https://www.mnr.gov.cn/jg/#znpz.

小结：

通过对"预期部门"的职能进行研读和对比，我们能够确定究竟应该找什么部门反映居民遇到的水污染问题。需要分情况：河流黑臭水体治理的问题，主要是水利部主管；饮用水源污染问题，则主要由生态环境部负责。

实践中，一个社会问题涉及多个政府部门分工管理是正常的情况，多部门管理可以避免出现单个政府部门"既当裁判又当球员"的现象。作为民众，要有效解决问题，关键在于明确到底谁是球员（执行部门）、谁是裁判（管理部门）。

第三步：了解不同行政级别的划分

同一个议题，根据具体问题的情形不同，所对应的行政管理部门级别也不一样。例如：

🔨 在 2018 年国务院发布《关于加强滨海湿地保护严格管控围填海的通知》以前，填海项目是按照面积大小来划分主管部门的，《中华人民共和国海域使用管理法》中规定：填海五十公顷以上的项目用海，应当报国务院审批；填海五十公顷以下的项目用海，由国务院授权省、自治区、直辖市人民政府审批。[①]

⚖ 根据《中华人民共和国土地管理法》：征收永久基本农田、永久基本农田以外的耕地超过三十五公顷的、其他土地超过七十公顷的由国务院批准；征收前款规定以外的土地的，由省、自治区、直辖市人民政府批准。[②]

我国宪法规定，中华人民共和国的行政区域划分如下：

⚖ 全国分为省、自治区、直辖市；

⚖ 省、自治区分为自治州、县、自治县、市；

⚖ 县、自治县分为乡、民族乡、镇。

在我国，各级行政部门名称后缀不一（如表 2.1 所示）：

• 国家级行政部门，后缀通常为"部"，例如生态环境部、水利部等；

• 省级行政部门，后缀通常为"厅"，例如广东省生态环境厅、广东省水利厅等；

---

① 参见《中华人民共和国海域使用管理法》第十八条。
② 参见《中华人民共和国土地管理法》第四十六条。

- 市县级行政部门的后缀通常为"局"，例如广州市林业和园林局等；
- 区县级行政部门的后缀通常为"局／分局"，例如广州市黄埔区住房和城乡建设局等。

表 2.1 行政级别及称谓概览

序号	级别	称谓	举例	备注
1	国家级	部	自然资源部	国家级部门也有称"局"的，如国家林业和草原局
2	省级	厅	广东省自然资源厅 山东省自然资源厅	省级部门也有称"局"的，如广东省林业局
3	市级	局	广州市规划和自然资源局 济南市自然资源和规划局	
4	区县级	局／分局	广州市规划和自然资源局黄埔区分局 济南市市中区自然资源局	

了解了以上三步后，接下来一起通过以下练习实践所学：

思考题：A 先生希望递交关于广州市黄埔区笔村的古荔枝树林的保护建议，该找什么部门沟通？

答案：广州市黄埔区住房和城乡建设局。

分析过程：

1. 首先，在国务院官网找出可能涉及"古荔枝树林"保护的行政机构，一般来说大多数人都会先想到林业相关的部门，即国家林业和草原局，也有可能想到与自然资源问题相关的部门，即自然资源部。

2. 我们会在官网中发现，国家林业和草原局由自然资源部管理，说明这两个部门都可管理同一问题，接下来就是查看究竟找哪个部门更恰当。

3. 进入国家林业和草原局以及自然资源部的官网，分别查看"机构简介"，找到机构的具体职能。我们会发现，自然资源部职能配置介绍中涉及森林和林木的介绍很少。在查看国家林业和草原局的职责简介后，我们会发现林木问题均由其管理。

4. 再进一步检索国家林业和草原局，发现其内设机构有生态保护修复司（全国绿化委员会办公室），在该机构主要职能的介绍中特别提到了古树，其中第十条为"负责全国古树名木保护管理工作"。

5. 由于本问题并未涉及全国，而是出现于广州市黄埔区，然而区一级并未设置生态保护修复司，负责园林绿化的是黄埔区住房和城乡建设局里的园林绿化处。

提示：越到基层，职能部门分工越细。因此，在关注地方议题的时候，一定要确认所关注议题对应的行政层级及主管部门，保证沟通效率，以免错过最佳沟通时机。

基于工作经验和对过往参加过政策倡导相关的工作坊伙伴的议题梳理，我们整理出部分重要议题对应的部门职能信息，供一线社会组织参考（如表 2.2 所示）。

表 2.2 部分议题及对应的职能部门信息

序号	行政级别	议题	部门	部门职能表述
1	国家级	关注填海项目环评审批[①]	生态环境部	按国家规定审批或审查重大开发建设区域、规划、项目环境影响评价文件。
2		关注快递一次性塑料包装减量	国家邮政局	负责快递等邮政业务的市场准入，维护信件寄递业务专营权，依法监管邮政市场。
3	省级	关注养殖尾水问题	农业农村部门	推进水产健康养殖。起草水产养殖业发展规划并组织实施，指导水产养殖产业发展工作。
			生态环境部门	组织制定并监督实施水环境管理相关标准差。
				负责海洋生态环境监管工作；组织拟订污染物排海标准和总量控制制度，监督陆源污染物排海，指导入海排污口设置。
4		推动化工园区环境信息公开	生态环境部门	负责生态环境信息化工作。建设和管理生态环境信息网。建立和实行生态环境质量公告制度，统一发布生态环境综合性报告和重大生态环境信息。负责生态环境监测工作。组织实施生态环境监测制度、规范和标准，建立生态环境监测质量管理制度并组织实施。
5	市级	开展城市河流保护与污染监督	水利(水务)部门	负责全面推行河湖长制工作，牵头组织湖区生态环境专项整治行动，承办市河湖长制办公室日常工作。
			生态环境部门	负责环境污染防治的监督管理。负责编制水功能区划、排污口设置管理工作，牵头组织饮用水水源地生态环境保护工作，监督河湖水生态环境保护与修复工作。
6		推动港岸电使用常态化	交通运输部门	贯彻执行交通运输工作法律、法规，起草相关地方性法规、政府规章草案……指导交通运输行业有关体制改革工作，推进交通运输领域新旧动能转换。
			海事部门	贯彻和执行国家海洋管理、环境保护、水上交通安全、航海保障、船舶和水上设施检验等方面的法律、法规和规章。

① 根据《防治海洋工程建设项目污染损害海洋环境管理条例》，50 公顷以上的填海工程的环境影响报告书由国家海洋主管部门核准。但由于 2018 年国务院机构改革，海洋主管部门的海洋环境保护职能已并入生态环境部，由生态环境部承担审批海洋环评的职能。

（四）梳理核心业务相关法规和政策的"痛点"

承接上一节的内容，我们要有效落实政策倡导工作，首先要找对政府部门，下一步就是要"抓到"法规和政策的"痛点"。通过理解国家顶层政策设计的脉络，寻找您所关注的议题在其中所占的位置和政策网络，由此梳理出相关法规和政策的不足，针对"痛点"，结合一线公益工作的经验和观察，才能提出足够具体、落地、可执行的政策法规改良方案。

梳理工作可以分为三步：了解政策和法律法规的定义、认识有用的法规检索工具以及分辨法律法规的效力级别。除了推动政策倡导工作，清晰理解业务相关的法规和政策，能更有效掌握机构业务在社会发展的空间，依法、守法地推动倡议议题，反哺及提升一线工作的水平。

第一步：了解政策和法律法规的定义

正如第一章第（一）节中所描述的，狭义的政策特指党和国家为了实现其目标，制定的一系列政策路线和政策性文件；而法律法规则是指，由全国人民代表大会及其常务委员会制定并由国务院颁布实施的具体法律、行政法规和规章。两者之间有显著的区别。前者一般内容比较宽泛，就某一特定目标提供方向性指导和意见；而后者一般规定较为细致，从明确重要定义、执行部门，到执行程序、权利义务规定等。

此外，由于法律法规的制定和修订具有严格的程序，而政策的修改取决于国家机构的决策层面，所以法律法规相较于政策而言具有稳定的特点，而政策则较为灵活多变。

其中法律法规按照制定主体不同,分为5类:法律、行政法规、地方性法规、自治条例和单行条例、规章。它们之间存在着不同的效力等级关系,不同主体制定的内容名称是不同的(如表2.3所示),在第三步我们会介绍其效力等级。

表 2.3 法律法规分类及制定主体

法律法规分类		制定主体
法律		全国人民代表大会及其常务委员会
行政法规		国务院
地方性法规		省、自治区、直辖市、设区的市、自治州的人民代表大会及其常务委员会
自治条例和单行条例		民族自治地方的人民代表大会
规章	部门规章	国务院有关部委
	地方政府规章	地方政府

第二步:认识有用的检索工具 ————————

在进行法规和政策框架梳理的过程中,通过百度等搜索引擎进行关键词搜索是常见的做法。但这一方法可能会遇到文本缺字、找到的文件已经失效,或是无法获得完整的政策法规文件等问题。这里为大家推荐几个实用的法规政策检索工具,能够有效解决前述问题。

1. 官方政策性文件检索工具

(1) 国务院政策文件库

网址：http://www.gov.cn/zhengce/zhengcewenjianku

介绍：收录了国务院出台的各类行政法规、规章和行政规范性文件

(2) 各级地方政府的政策文件库

各级地方政府也有自己的政策文件库，记录了政府出台的各类政策和办公文件。搜索"××省/市人民政府"，进入其官网，点击"政策/我要找政策"一栏，就能发现政府的政策文件库。

以安徽省人民政府网（如图2.7、图2.8所示）为例，网址：

https://www.ah.gov.cn/site/tpl/4931？activeId=6784771.

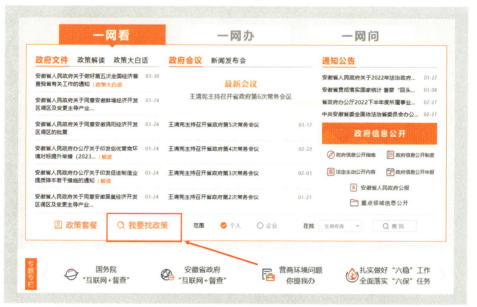

图 2.7　安徽省人民政府官网

图 2.8 安徽省人民政府官网

2. 官方法律法规检索工具

(1) 国家法律法规数据库

网址：https://flk.npc.gov.cn

介绍：全国人大制定的法律、行政法规、地方性法规的官方数据库

(2) 地方人大法律法规数据库

一般来说，各地人大也有自己的网站，会公开地方立法的阶段和内容，通过搜索"××省/市人大"，找到"资料库/法规库/法规"等栏目一般就会显示。

例如，广州市人大的法律法规文件库（如图 2.9、图 2.10 所示）：

https://www.rd.gz.cn/zlk/flfgwjk/index.html.

图 2.9　广州市人大官网

图 2.10　广州市人大官网

3. 商业数据库推荐

北大法宝

网址：https://www.pkulaw.com

介绍：集合法律法规、司法案例和法学期刊等内容的搜索引擎

特点:

①根据法规的内容进行了分类,检索更加方便。

②具体法规文件都表明了"效力级别"和"本法变迁",很容易确认相关文件的法律效力层级和变迁历史,从而可以保证参考的是最新版本的法规。

以《中华人民共和国海洋环境保护法》为例,点进该法律的页面,会发现"本法变迁"一栏很好地展示了该法律的修订过程(如图 2.11 所示)。此外,"效力级别"处为"法律",这个地方能够帮我们按照上述提到的 5 种法律法规类别进行分类,以方便后续按效力排序。下面的第三步将详细介绍法律法规文件的效力级别问题。

图 2.11　北大法宝—中华人民共和国海洋环境保护法

第三步：分辨法律法规和政策的效力级别 ─────────────

在梳理机构业务的法律法规时，要特别注意各个法律法规文件和政策的效力位阶：一般来说，政策文件不能和法律法规的规定相抵触；政策文件中，地方政策文件不能和中央政策文件的要求相抵触；法律法规中，"下位法"的规定不能和"上位法"相抵触。具体可以参考图 2.12 的内容：

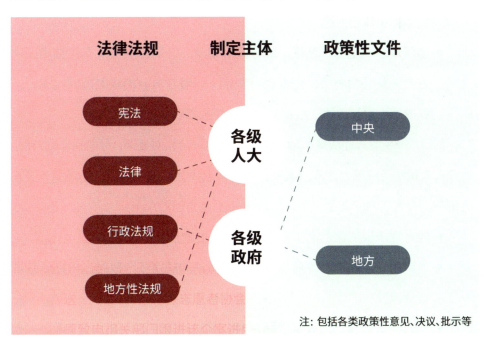

图 2.12　人大和政府制定的文件及位阶

由于法律法规内部效力位阶排序较为复杂，所以特别解释如下：

法律法规基本位阶：宪法 > 法律 > 行政法规 > 部门规章、地方性法规、地方政府规章。

- **宪法：**我国的基本法，我国一切立法活动都应当遵循宪法的基本原则，其他一切法律文件不得与宪法相抵触，所以宪法在我国法律法规位阶中处于第一的位置。

- **法律：**由全国人民代表大会及其常务委员会制定，其内容不得与宪法相抵触。

- **行政法规：**由国务院制定，由总理签署国务院令公布，其内容不得与宪法和法律相抵触。

- **部门规章、地方性法规、地方政府规章：**分别由国务院有关部委、地方人大及其常委会、地方政府制定，一般在各自的权限范围内施行，其内容不得和宪法、法律、行政法规相抵触。

部门规章、地方性法规和地方政府规章的位阶相对复杂，考虑到地方政府、地方人大和国务院部委之间的关系，《中华人民共和国立法法》中还引入了裁决机制。三者之间的关系：

- 地方性法规的位阶高于本级和下级地方政府规章的效力；[①]

- 当部门规章和地方政府规章对同一事项的规定不一致时，由国务院进行裁决；

- 地方性法规与部门规章之间对同一事项的规定不一致，不能确定如何适用时，由国务院提出意见；国务院认为应当适用地方性法规的，应当决定在该地方适用地方性法规的规定；认为应当适用部门规章的，应当提请全国人民代表大会常务委员会裁决。[②]

---

① 《中华人民共和国立法法》（2023 年修正）第一百条。
② 《中华人民共和国立法法》（2023 年修正）第一百零六条第二款。

　　根据我们的政策倡导经验，存在冲突的法规颇多，然而鲜有机会触动上述由国务院主持的调解程序，大多只会以内部行政命令要求不同部门协调。大部分的法规冲突将在含糊其辞中继续存在，而这些是社会组织可以力图改良的政策倡导"痛点"之一。

- 先收集您所关注议题的国家顶层政策和法规，再将这些文件按照政策、法律法规的类别分开，找到政策文件显示的政策方向和总路线，找到具体落实该政策的法律法规。

- 找到政策和法律文件后，对比自己的议题和经验，评估目前的框架是否存在问题：例如执行的方法不够具体、指标 / 标准过时、定义含糊无法落地操作等。

- 研读相应的法律和政策内容，为自己的议题画一幅工作流程图，包括政府和议题相关的流程以及自己参与的空间。

- 针对政策的"痛点"，结合您的前线公益工作经验，与相应的部门沟通了解问题存在的原因，寻找足够具体、落地、可执行的政策改良方案，并通过合适的方式提交建议。

思考题：如果某市水务部门有"关于与民间河长合作开展城市河涌黑臭源头调查"的项目要推展，寻求合作／购买服务，社会组织可以怎样提出具体方案？

答案：

分析过程：

1. 首先，在国务院相关职能部门检索出黑臭水体治理的牵头部门——住房和城乡建设部[①]及生态环境部。在政府部门网站中，检索相应的政策法规的要求。根据住房和城乡建设部及生态环境部联合印发的《城市黑臭水体治理攻坚战实施方案》，要求到 2018 年年底，直辖市、省会城市、计划单列市建成区黑臭水体消除比例高于 90%。黑臭水体主要存在的问题在于城市污水未经处理无序偷排，截污不彻底。因此，整治过的水体"复黑复臭"是黑臭水体整治政策中的"痛点"。而"偷排漏接"问题的发现需要公众参与。《城市黑臭水体治理攻坚战实施方案》中也提到要"提高黑臭水体治理重大决策和建设项目的群众参与度"。

[①] 由于黑臭水体主要污染来源是城市建成区的生活污水，而住房和城乡建设部的职能包括"研究拟订城市建设的政策、规划并指导实施，指导城市市政公用设施建设""承办国务院交办的其他事项"。在国务院 2015 年发布的《水污染防治行动计划》（国发〔2015〕17 号）中，明确规定整治城市黑臭水体由住房和城乡建设部牵头。

2. 基于国家顶层政策的要求，再看该市水务部门"寻求合作 / 购买服务"的项目内容、期限是否与国家的要求相吻合。该市依据国家《城市黑臭水体治理攻坚战实施方案》编制的《××市黑臭水体治理攻坚战实施方案》提及要开展"公众评议"与"社会公众监督"。而根据《××市黑臭水体治理攻坚战实施方案》，黑臭水体的污染源排查工作由水务部门牵头。因此，结合政策和水务部门的职能，我们可以与政府部门合作，开展排污口的巡查、河道纳污管道的巡护、整治工程公众评议等工作。

3. 基于该市水务部门提出的需求，机构需要与其确认：所需调查的河涌长度或流域面积、调查时长等。水务部门主要负责黑臭河涌的生活污染源的防治工作，工业污染源的防治由生态环境部门负责，但河涌水质主要考核水务部门。因此，社会组织在设计调查巡查排污口方案时就需要以生活污染源的调查为主，以工业污染源调查为辅，并建议水务部门协同生态环境部门跟进工业污染源的防治工作。根据《××市"河长制"实施方案》，全市河道两旁都设有河长牌，标明省、市、县、乡各级河长的姓名和电话。因此，制定污染源的调查方案时，可以把与各级河长的沟通机制加入进来并进行标准化设计。

4. 分析完国家相关政策法规和政府部门职能、需求后，再进行机构承接能力的估算。首先看机构核心业务是否包含了城市黑臭河涌的污染源调查。机构能调动的人力（包括全职人员、兼职人员、志愿者等）可以覆盖的范围有多大，调查频次是多少。在没有政府购买服务的情况下，可以跟进调查的黑臭河涌的长度或流域面积为多少，折算每个人力投入的预算为多少。

5. 最后机构基于上述分析拟定调查方案，并与部门协商确定执行方案。在这个方案中，可以基于巡查所获取的数据，对城市排污管网设计、管理进行研究，寻找法规政策存在的不足，从而可以在向部门提交项目报告时附上政策改良建议。

第三章
政策倡导实战工作技巧和模型

本章概述

本章将开展政策倡导的实战预备，在进入各种工作技巧和模型的分析之前，请您仔细思考以下问题：

1. 您机构未来三年的战略目标是什么？

2. 您机构未来三年的政策倡导目标是什么？

3. 与您机构核心业务相关的国家顶层政策方向是怎样的？

4. 假如您的政策倡导获得成功，能为社会带来的具体改变是什么？

5. 假如您的政策倡导获得成功，您机构哪些业务板块会得到改良和提升？

以上 5 个问题，假如您能够清晰回答 3 个或以上，恭喜您！您已经有足够的储备，可以开始阅读本章的实战预备；如果不足 3 个，恳请您按欠缺的内容重温上一章的不同环节。

本章将介绍 14 种基本政策倡导方式、各自的操作方法和相关法规，再配合我们的实践经验，重点分析前期干预方法，并附上意见信、两会提案等撰写模板。

总括而言，本章分享的是技巧和方法，自然可以单纯为好奇而阅读；但更理想的阅读状态是，已经修毕上一章的"心法"，带着清晰的思考路径（上文 5 道问题的答案），在阅读本章的同时，挑选出适合您的技巧和方法。

我们相信，好的政策倡导工作，能够反哺机构的核心业务，日积月累将有助于机构的定位和发展。而政策倡导的方法繁多，要挑选最适合自己战略需要的方法，才能够事半功倍，有效利用机构资源。

附：假如您需要，可按上述 5 个问题重温上一章节内容：

第 1 题：第二章第（一）节

第 2 题：第二章第（一）、第（二）节

第 3 题：第二章第（一）、第（二）节

第 4 题：第二章第（三）节

第 5 题：第二章第（四）节

（一）我国公共政策倡导方式

政策倡导方式有很多种，本手册主要介绍 14 种较常见的方式（如图 3.1
所示）：

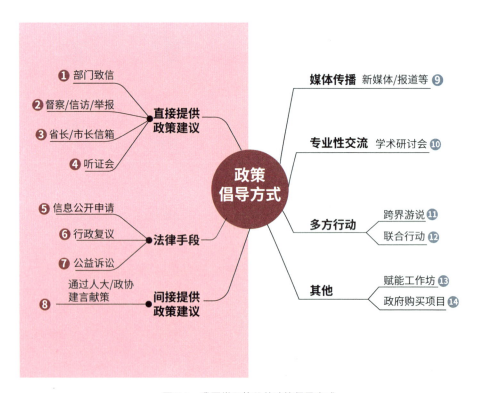

❶ 部门致信
❷ 督察/信访/举报
❸ 省长/市长信箱
❹ 听证会
直接提供政策建议

❺ 信息公开申请
❻ 行政复议
❼ 公益诉讼
法律手段

❽ 通过人大/政协建言献策
间接提供政策建议

政策倡导方式

媒体传播 新媒体/报道等 ❾

专业性交流 学术研讨会 ❿

多方行动 跨界游说 ⓫
联合行动 ⓬

其他 赋能工作坊 ⓭
政府购买项目 ⓮

图 3.1 我国常见的公共政策倡导方式

1. 部门致信

这种方式最有效的适用场景，是在政府部门公示期内。因为政府部门在公示的过程中，是有法定要求预留的公众参与环节。市民如能在公示期内提出理据充足的意见，政府部门必须依法参考或反馈。而要提高成功率，致信的质量也十分重要：要能够陈述相关法规依据、支持论点的论据，例如科研数据和相关的研究，并提出具体可操作的建议让政府部门考虑执行。需要注意的是，一定要找准公示部门所负责的问题，您所提出的建议才能有效执行。

2. 督察 / 信访 / 举报

这种方式最有效的适用场景，是在跟进突发个案时或与地方多个政府部门已进行沟通，但仍无法达到倡导期待的效果时。因为，这时与地方的政府部门沟通已失效，且破坏已经发生。市民如能抓住中央督察组下沉地方的时机，或直接向地方政府的上级部门举报，相应的问题或能得以解决。而要提高成功率，抓住督察的时机很重要。需要注意的是，向地方政府的上级部门举报也要注意与部门的职能相匹配。

3. 省长 / 市长信箱

这种方式最有效的适用场景，是一些存在多头管理或各职能部门推诿、问题长期得不到解决的情况。因为省长 / 市长信箱是省市政府通过网络联系群众、收集群众意见建议的渠道，各省长 / 市长专属信箱会有固定的开箱时间。通过该途径提出的建议能直接被分配到负责部门，一些复杂的个案可能会安排某部门牵头工作。市民如能通过省长 / 市长信箱提出诉求，政府需进行反馈。而要提高成功率，则需要市民在意见信中讲清楚所涉及的不同部门处置问题的情况。需要注意的是，有时候也难以避免得不到实质性回复的问题，尤其是线下投递，因此意见信需要有清晰、全面、具体的信息。

4. 听证会

这种方式最有效的适用场景，是建设项目在行政审批期间直接与部门沟通。因为根据《中华人民共和国环境影响评价法》《重大行政决策程序暂行条例》《环境影响评价公众参与办法》等法律法规，决策部门在决策前可以召开听证会征求公众意见，而参与听证会表达意见是最直接的倡导途径。市民如能通过参与听证会表达诉求，政府部门必须参考并作反馈。而要提高成功率，则需要市民时常留意政府部门的公示情况，参与与倡导议题相关的听证会。需要注意的是，听证会报名会有筛选，如果未能亲身参与，可以争取联系参与听证会的人大代表、政协委员或市民代表帮忙提出相关意见。

5. 信息公开申请

这种方式最有效的适用场景，是申请人明确自己需要的资料是什么、相关文件的准确全名时。因为根据《中华人民共和国政府信息公开条例》，政府部门对于信息公开申请必须回复，市民如能找准相关部门和明确所需材料，一般可以申请到信息公开。而要提高信息公开申请的成功率，必须得找准申请部门，提交的材料尽可能表述细致；需要注意的是，涉及国家秘密、商业秘密、个人隐私、过程性文件和部门内部事务的文件一般不予公开。法定的政府部门回复时间最长是 40 个工作日，逾期不回可提出行政复议要求跟进。

6. 行政复议

这种方式最有效的适用场景，是公民、法人或者其他组织认为具体行政行为侵犯其合法权益时。因为《中华人民共和国行政复议法》规定，如果公民、法人或者其他组织认为具体行政行为侵犯其合法权益，可向行政机关提出行政复议申请。例如第 5 点中提到的信息公开申请，市民在获得信息公开答复的 60 日内，如不满意结果，可向申请部门的上级部门提出行政复议，驳回原来的答复。需要注意的是，行政复议需要有明确的法律法规依据，否则复议结果很大概率将维持原有的答复。

7. 公益诉讼

这种方式最有效的适用场景，是破坏或伤害已经发生，并且其他所有的倡导渠道都无效的情况。《人民检察院公益诉讼办案规则》明确了公益诉讼的相关主体及诉讼规则等内容：提起诉讼的主体一般是检察机关或有资质的社会组织，市民如掌握破坏或环境污染的证据，可以递交给检察机关或有资质的社会组织提起公益诉讼。提高成功率的方法是寻找有相关经验的公益律师协助，但需要注意的是，公益诉讼所耗经济、人力和时间成本巨大，还会面临败诉的风险，因此需谨慎选择。

8. 通过人大 / 政协建言献策

这种方式最有效的适用场景，是已经梳理好问题与政策法规，通过对倡导议题感兴趣的人大代表或政协委员来推动政策法规改良。因为他们的职责需要沟通社情民意，并将之转化为相应的建议和提案影响部门的决策，因而社会组织的一线经验和对法规的细致理解十分有助于其完成议案或提案。提高成功率的方法是，议案或提案的格式要参照人大和政协的要求，内容必须具备充分的数据、法规分析，改良的建议需具体落地可执行，以科学理性打动他们。但需要注意的是，虽然有许多方式能接触到人大代表或政协委员，但沟通过程需要颇长的时间（至少在两会召开前 3 个月开始）。

9. 新媒体 / 报道等

这种方式最有效的适用场景，是法定渠道倡导效果欠佳，需要舆论压力推动的情况。市民可以通过公共平台或媒体发声，或选择通过自媒体就相关问题提出具体建议。提高成功率的方法是选择合适的平台和权威的官方媒体发布内容，而且要确保内容信息的真实性，所使用的案例、数据、照片等均由自己第一手收集，并核证过真实性。需要注意的是，发布过程中要尊重他人著作权、隐私权等，否则即使公告的内容属实，若有部分内容可能涉及他人隐私，也将无权发布。《互联网用户公众账号信息服务管理规定》明文规定不得发布虚假广告、进行夸大宣传、实施商业欺诈及商业诋毁等，防止违法违规运营。

10. 学术研讨会

这种方式最有效的适用场景，是倡导议题需要第三方专业支持的情况。专家学者进行探讨，能够把问题梳理得更清晰、思路更开阔、研究更严谨、研究结果更权威。提高成功率的方法是以个人身份向相关学者请教问题，并逐步以政策倡导的目标打动他，请他协助、支持有关讨论，由此撬动更多相关的科研机构专家的参与。但需要注意的是，沟通过程需要耗费相当的时间和成本，且注意需尊重他人的著作权、隐私权等，还要注意文献结论的可信度。

11. 跨界游说

这种方式最有效的适用场景，是倡导议题需要社会各利益相关方支持的情况。因为跨界游说是通过向不同利益相关方展示自己梳理的问题、总结和建议，以此游说他们一起推动政策的改变。而提高成功率的方法是，需要找到对倡导议题感兴趣的社会各界人士，可能包括社区居民、专家学者、法律人士、相关部门负责人等，并且在过程中能够协调不同人的立场和观点。但需要注意的是，这需要耗费相当的人力、物力成本，且同样要注意尊重他人的著作权、隐私权等，还要注意不同人士提供的资料的可信度。

12. 联合行动

这种方式最有效的适用场景，是倡导议题在某一特定群体内普遍认同度高，并且在共同目标下通过联合行动能够产生协同效应的情况。联合行动与跨界游说的主要区别是联合行动包括不同程度的协作行动，许多大型国际组织都会采取这种方法。而提高成功率的方法是，需要有简单可操作、协作成本低的具体行动方案，才能免却成员之间的沟通内耗。但需要注意的是，如果多机构在前期目标未有共识时就开始行动，多个利益相关方容易产生潜在冲突，出现责任分散的情况。

13. 赋能工作坊

这种方式最有效的适用场景，是倡导机构所累积的经验已转化为具体的培训课程，清楚赋能中"能"的内容，以及要达到的具体效果。工作坊只是一个统称，运作方式为通过培训、讲座、教材分享、深度咨询等方式，提高其他机构就某议题进行政策倡导的能力。而提高成功率的方法是要能够针对受众，设计出具体成效指标的实践方案。但需要注意的是，课程设计需花费相当的人力、物力，并且需要主办方有扎实的基础和经验，才能传递最有效的知识。

14. 政府购买项目

这种方式最有效的适用场景，是承接项目的过程中，直接与政府部门就项目进行协商，以此达到有效的倡导成果。而提高成功率的方法，是要能找准政府部门的需求、职责所在，而机构的业务正好补充他们的短板和不足。但需要注意的是，倡导机构需要权衡倡导和服务两者的关系：如果只是为了营收，合作过程中可以与部门协商的空间较少。而且政府项目往往行政成本高，需要主办方有扎实的专业基础和经验，以争取最好的政策倡导效果。

（二）制定高效的政策倡导行动计划

上一节介绍了政策倡导的主要方式，并简述了每种方式的适用场景、优势等。但其实倡导方式可以有千百种，本手册只挑选了最主要的 14 个。在眼花缭乱的倡导方式中，要准确选择适合您的一种，则需要有清晰的战略目标。而为了将改良建议打磨得更完备，更需要将不同方式组合起来，设计出能够推动多元协商的行动计划，吸纳不同利益相关方的立场和意见。

本节将行动计划的设计过程分为两步，并选择其中 8 个倡导成效相对较高的方式，详述其具体的操作过程。

第一步：政策倡导成效与受众覆盖面

许多机构在进行政策倡导过程中，常会遇到难以取得实质性进展的时候，比如跟政府部门座谈后没有下文、举报污染后没有回应等。当然，所有伙伴都急切地想要提升政策倡导成效。不过，在讨论如何提升倡导成效前，我们需要先明确倡导成效怎么定义。

根据 CECA 的实践经验，我们从两个维度计算成效与难度：

1. **倡导成效：**分为 4 个阶段，从低到高依次为口头承诺、书面承诺、书面承诺并考虑对政策进行优化、书面承诺并纳入近期规划。口头承诺通常缺少文字记录导致兑现不足，书面正式的回函则记录了政策优化的方向或措施，便于对政策倡导工作进行推进和监督。

2. **受众覆盖面：**倡导行为的受众主体越多元或是覆盖面越广，越有利于提升公众对政策的认识，从而有助于改变社会对议题的认知，推动真正的个人行为和价值范式转变，长远地建设更具备多元协商精神的社会。

因此，综合上述倡导成效和受众覆盖面两个维度，对14种方式进行评估，得出政策倡导方式成效与受众关系图（如图3.2所示）：

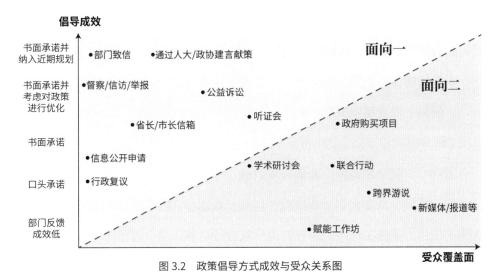

图 3.2　政策倡导方式成效与受众关系图

注：倡导方式的成效与受众关系，以 CECA 的工作经验分类，无统计上显著性的支持。

面向一：受众覆盖面小而倡导成效高

这一面向包括：部门致信、督察 / 信访 / 举报、听证会、通过人大 /
政协建言献策、省长 / 市长信箱、行政复议和公益诉讼等。[①]受众覆盖面小而倡导
成效高的原因是：

● 都属于在法律框架依据下的方法，提出建议者及接收建议者双方均受法
律的保护和约束；

● 由于有法规依据，比如信息公开申请、部门致信等，所以部门必须依照
规定予以回复，从程序上保障了部门的"回复率"，从而提高倡导成效；

● 倡导建议可以直接触达部门，避免了传播过程中可能产生的偏差，但也
限制了受众覆盖面的扩大。

面向二：受众覆盖面广而倡导成效低

这一面向受众多但倡导成效低，包括：新媒体 / 报道等、学术研讨会、政
府购买项目、赋能工作坊、跨界游说和联合行动等。受众覆盖面广反而倡导成
效低的原因是：

● 受众覆盖面广，意味着倡导的诉求无法集中，容易导致相关部门"踢皮
球"或"假装看不见"的情况发生，从而回避倡导建议；

● 在程序上缺乏要求政府部门必须回应的强制规定，难以有效推动政策的
优化或改良；

---

① 行政复议一般和信息公开申请合用，当信息公开无法申请到我们想要的材料时，可以采取行政复议。

● 在"法无禁止即允许"的逻辑下，存在可能违法的灰色地带，倡导成本容易超出预算；

● 当受众面广时，行动无法协调，内耗的机会增加，间接降低了成效。

综上，到底是成效重要还是公众参与重要，这是政策倡导研究中讨论多年的问题，本手册以技术分享为主，就不在此展开学术讨论。而且好的政策倡导行动计划，应该是相互呼应、相互补足。下一步我们将讨论通过什么方式可以搭配出高效的政策倡导行动计划。

第二步：制定高效的政策倡导行动计划 ——————

以政策倡导成效为指标，我们推荐先从以下 8 种方式着手，挑选适合您机构核心业务的倡导行动：部门致信、信息公开申请、行政复议、听证会、通过人大 / 政协建言献策、督察 / 信访 / 举报、公益诉讼、省长 / 市长信箱。

1. 部门致信

法规依据：

《中华人民共和国立法法》第四十条规定：列入常务委员会会议议程的法律案，应当在常务委员会会议后将法律草案及其起草、修改的说明等向社会公布，征求意见……向社会公布征求意见的时间一般不少于三十日。

《中华人民共和国立法法》第七十四条规定：行政法规草案应当向社会公布，征求意见，但是经国务院决定不公布的除外。

《环境影响评价公众参与办法》中也规定了审批某些重大项目的过程中，会有一些征求公众意见、公众参与的环节。

去哪儿找：

- 政府部门在某些法规政策制定或某些重大项目审批的过程中，通常会在官网上公布该项目的具体情况、公众参与途径、公示期限、意见递交渠道等。

- 可以通过浏览相关的政府部门官网，在规定的公示期内向相关政府部门提交意见（如图 3.3 所示）。

- 在政府官网通常设有"互动交流"板块，也可以进入"民意征集"栏，查看正在征集公众意见的政策法规。

图 3.3　广州市人民政府官网

怎么做：

- 注意公示一般有时间限制，短则 5 天，长则 30 天，在公示期内进行部门致信，此时的部门回复率一般很高。

- 意见信有一定的格式要求（模板见附录五），向政府部门递交后注意尽早致电确认信件是否送到（一周内最适合），如未成功投递应立即补寄。

- 其后每周跟进政府部门反馈意见，一般月内会收到确切回复。如回复的质量低或遇上政府部门拖延，可以向该部门的上级或平级的其他职能相关部门递交意见。

- 若向三个政府部门致信均无实质结果，可以向中央部门或中央督察（见下文解释）要求跟进。

案例：

三门峡生态环境保护协会

- 该协会的业务范围包括环境公益和自然教育，主要是推动信息公开共享和生态知识普及等工作。

- 该协会针对三门峡市各中小学的"生态环境大讲堂"项目，通过向三门峡市生态环境局和三门峡市教育局撰写建议信的方式进行推进。

- 协会向部门致信说明了其提供志愿者进行课程支持的可能性，成功争取到部门共同探讨开展试点课程。

2. 信息公开申请

法规依据：

《中华人民共和国政府信息公开条例》规定：政府信息公开的方式包括主动公开和依申请公开。行政机关应当主动公开的政府信息包括行政法规、规章和规范性文件；机关职能、机构设置、办公地址、办公时间、联系方式、负责人姓名；环境保护、公共卫生、安全生产、食品药品、产品质量的监督检查情况等。[1]

该条例第二十七条规定：公民、法人或者其他组织可以向地方各级人民政府、对外以自己名义履行行政管理职能的县级以上人民政府部门申请获取相关政府信息。

图 3.4　广州市人民政府官网[2]

---

① 参见《中华人民共和国政府信息公开条例》第十三、第二十条。
② http://www.gz.gov.cn/gkmlpt/index，2022 年 2 月 18 日访问。

去哪儿找：

- 如图 3.4 所示，如需进行信息公开申请，行为人可以进入政府官网，点击"政务公开"板块，选择"政府信息依申请公开"栏，提交申请。

怎么做：

- 申请人可以到行政机关的政府信息公开受理机构当面提出申请，也可以通过信函等方式向该机构提出申请（如图3.5所示）。

- 在地方各级人民政府的官网上，对信息公开有更加翔实的规

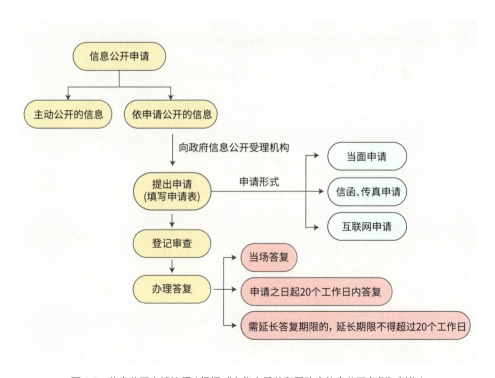

图 3.5　信息公开申请流程（根据《中华人民共和国政府信息公开条例》制作）

定，如广州市人民政府就有公布市政府信息公开指南，并设
立市政府信息公开平台。

● 在"法定主动公开"栏中有主动公开的政府信息条目。

案例：

芜湖市生态环境保护志愿者协会

● 该协会致力于推动垃圾焚烧品牌承担更多责任、协助政府监管
垃圾焚烧行业和普及垃圾焚烧相关知识等工作。

● 该协会在日常调研中发现很多地区飞灰违规处置问题突出，为
了解决该问题，团队按照省份向各地生态部门进行关于飞灰监
管的信息公开申请，并由此总结归纳出该方面存在法律漏洞和
责任主体不明确等问题，最终形成了两会议案/提案。

3.行政复议

法规依据：

根据《中华人民共和国行政复议法》和《环境行政复议办法》
规定，当环保部门或环保部门的工作人员作出违法的行政行为
时（即行政机关的具体行政行为），行政相对人或其他利害关
系人可以申请环境行政复议。

    🔧《中华人民共和国行政复议法》第十一条规定：申请人申请行政复议，可以书面申请，也可以口头申请。

去哪儿找：

- 进入地方环境保护行政主管部门的官网，点击"政务公开"板块，可以查阅行政复议指南或者下载行政复议申请书（如图3.6所示）。

怎么做：

- 申请行政复议的行为人，应自明确该具体行政行为之日起60日内，向环境行政复议机关以书面或邮件等方式提交申请书和有关材料。

- 申请行政复议是较为快捷且合法的方法，可以较快纠正相关环保部门的错误。申请人可参照行政复议流程（如图3.7所示），妥善做好计划。

图3.6　广州市生态环境局官网

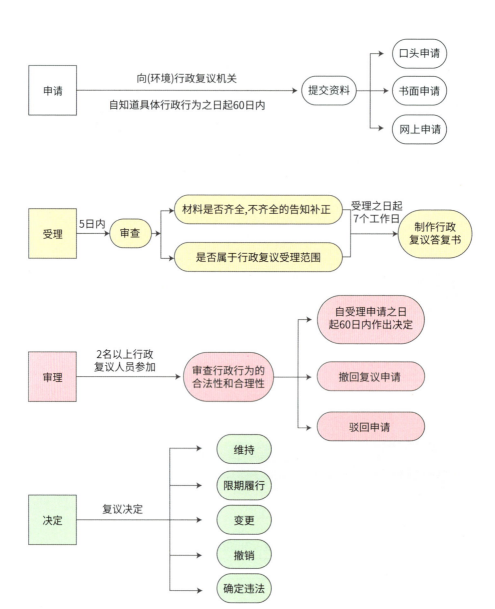

图 3.7　行政复议流程（根据《中华人民共和国行政复议法》和《环境行政复议办法》制作）

4. 听证会

法规依据：

🔨 《环境保护行政许可听证暂行办法》规定：组织听证的情况包括：实施涉及公共利益的重大环境保护行政许可；对环境可能造成重大影响、应当编制环境影响报告书的建设项目。[①]

🔨 《环境保护行政许可听证暂行办法》第四条规定：除涉及国家秘密、商业秘密或者个人隐私外，听证应当公开举行。公开举行的听证，公民、法人或者其他组织可以申请参加旁听。

去哪儿找：

- 听证会的信息一般会公布在相关政府部门的通知公告、征集意见栏。

怎么做：

- 由利害关系人申请或法律规定应当主动召开的情况下，由行政机关召开。

- 在生态环境领域，实施环境保护行政许可或环境保护行政处罚的情况下，法律法规规定应当召开听证会。

- 公众或社会组织可以通过网络媒体或报纸公布的许可听证告知书，预备相关材料参与听证会，发表个人意见。

---

① 参见《环境保护行政许可听证暂行办法》第五、第六条。

✦✦ 5. 通过人大 / 政协建言献策

法规依据：

🔨《中华人民共和国立法法》（2023 年修正）第六条规定：立法应当体现人民的意志，发扬社会主义民主，坚持立法公开，保障人民通过多种途径参与立法活动。

🔨 在两会期间，各级人大代表和政协委员会提交议案或提案，因此公众或社会组织可以通过向人大代表或政协委员反映情况、提出建议、提供意见，间接建言献策。

去哪儿找：

- 在中国人大网上有全国人大代表名单，可以通过不同省份查看各地方的人大代表。

- 公众可以通过全国人大的微信公众号和微博，提交对相关法律草案的意见。

- 也可通过各地方相应的人大和政协网站来查找人大代表及政协委员，以广州市人大官网为例，首页有本届市人大代表个人信息的链接（如图 3.8 所示）。

怎么做：

- 公众及社会组织可以向地方的人大代表或政协委员提交议案或提案（撰写要求见附录三）。

图 3.8　广州市人大官网

案例:

宝贝回家志愿者协会

- 该协会为失踪儿童的父母提供帮助其寻找被拐、走失或被遗弃孩子的免费服务,并向因各种原因而流浪、乞讨的孩子提供帮助。[①]

- 该协会凭借多年的工作经验,认定失踪儿童问题的源头是相关法律法规的缺失。于是在 2009 年全国两会期间,该协会与十几名政协委员联名向全国政协提交了关于强制救助被拐卖、卖艺、乞讨、流浪儿童的建议。

---

① 宝贝回家 . 百度百科 [EB/OL].[2022-07-14]. https://baike.baidu.com/item/%E5%AE%9D%E8%B4%9D%E5%9B%9E%E5%AE%B6/3943121?fr=aladdin.

6. 督察／信访／举报

(1) 督察

法规依据：

> 根据《中央生态环境保护督察工作规定》，督查组是经党中央、国务院批准组建的机构，承担了生态环境保护督察任务。

> 例行督察的对象包括：省、自治区、直辖市党委和政府及其有关部门，并可以下沉至有关地市级党委和政府及其有关部门。[①]

去哪儿找：

- 生态环境部、地方生态环境厅网站，或网络媒体会报道中央生态环保督查组进驻某个地方或某个企业，并向公众公布联系电话和邮政信箱。

- 当中央督查组进驻某省份，地方生态环境厅网页会有专门的板块，标注有进驻时间、值班电话和专门的邮政信箱（如图 3.9 所示）。

怎么做：

- 借助督察的办法适用于与地方政府部门均已沟通过，但仍未达到倡导预期效果的情况，具体可以采取拨打值班

---

① 参见《中央生态环境保护督察工作规定》第十四条。

电话或投递举报信至专门的邮政信箱等方式进行反馈。

- 中央生态环境保护督察组主要受理入驻地方生态环境保护方面的来信、来电、信访和举报，其他不属于受理范围的信访和举报问题，将按规定交由被督察地方的相关部门处理。[①]

图 3.9　广东省环境保护厅官网

(2) 信访

法规依据：

《信访工作条例》第十七条规定：公民、法人或者其他组织可以采用信息网络、书信、电话、传真、走访等形式，

---

① 中央第一生态环境保护督察组督察河北省动员会在石家庄召开 [N]. 河北日报 , 2022-3-23.

向各级机关、单位反映情况，提出建议、意见或者投诉请求，有关机关、单位应当依规依法处理。

去哪儿找：

- 有些城市出台了政府接访日规定，例如在广州，政府接访日已成为规范制度。随着网络的发展，网上信访逐渐成主要形式，如图3.10、图3.11所示，进入广州市人民政府官网，点击"互动交流"板块，会出现"网上信访"通道。

怎么做：

- 面对面沟通的好处，在于可以及时了解政府部门的反馈。然而要有效反映问题，需要将数据、法规依据、问题所在简要清晰地表达出来。

- 网上信访看似较为简便，只需要注册、登录、提交相关事项就可以完成信访，实则同样需要将数据、法规依据、问题所在简要清晰地表达出来。

- 如涉及经济调节、市场监管、社会管理、公共服务、生态环境保护等领域的咨询、求助、投诉、举报和意见建议，属非紧急诉求，可直接拨打12345政务服务便民热线反映。

图 3.10　广州市人民政府官网

图 3.11　广州市网上信访投诉平台官网

(3) 举报

法规依据：

　　《中华人民共和国环境保护法》（2014 年修订）第五十七

　　条规定：公民、法人和其他组织发现任何单位和个人有污

染环境和破坏生态行为的，有权向环境保护主管部门或者其他
负有环境保护监督管理职责的部门举报。

去哪儿找：

- 在生态环境部官网上有公布生态环境网络投诉举报和生态环境
  微信投诉举报两种渠道。如图 3.12 所示，进入生态环境部官
  网首页，右下方"互动交流"栏有以上两种渠道。

怎么做：

- 行为人如发现环境违法行为，可以直接拨打环保举报电话
  12369。
- 网上举报的话，可以点击如图 3.12 中所示的"生态环境网络
  投诉举报"栏，进入"全国生态环境投诉举报平台"（如图
  3.13 所示），而后可点击"我要举报"进行操作，或者直接进
  入 12369 网站进行举报。
- 另一种是点击"生态环境微信投诉举报"栏，扫描二维码关注
  "12369 环保举报"公众号，点击"我要举报"。
- 举报后可以直接在以上两个平台查询处理进度。

案例：

天津滨海环保咨询服务中心（绿领环保）

- 该组织专注于开展生态环境保护相关知识的宣传普及活动，以引导

社会公众依法参与监督环境问题。

● 其介入农村黑臭水体难治理、易反弹等问题时运用了向上级提交举报信、行政履职申请书等文书的方法，引起了上级部门、地方政府和公众的关注，为进一步对话打下了基础。

图 3.12　生态环境部环境质量信息公开页面

图 3.13　全国生态环境投诉举报平台

7. 公益诉讼

法规依据:

> 🔧《中华人民共和国环境保护法》第五十八条规定: 对污染环境、破坏生态,损害社会公共利益的行为,符合下列条件的社会组织可以向人民法院提起诉讼: (一)依法在设区的市级以上人民政府民政部门登记; (二)专门从事环境保护公益活动连续五年以上且无违法记录。

> 🔧《最高人民法院关于审理环境民事公益诉讼案件适用法律若干问题的解释》第六条规定: 第一审环境民事公益诉讼案件由污染环境、破坏生态行为发生地、损害结果地或者被告住所地的中级以上人民法院管辖。

去哪儿找:

● 当发现环境公共利益受到侵害时,可以前往污染环境、破坏生态行为发生地、损害结果地或者被告住所地的中级以上人民法院申请立案,或者进入该法院的官网进行网上立案(如图3.14所示)。

怎么做:

● 社会组织向法院提起公益诉讼应当满足上述两个条件,因此采取该途径前,社会组织应当就自身进行评估。

● 若符合条件,可以向污染环境、破坏生态行为发生地、损害结果地或者被告住所地的中级以上人民法院提起诉讼。

图 3.14　广州审判网官网

案例:

武汉行澈环保公益发展中心

- 该机构一直致力于保护公共环境利益，扎根调研，重点关注生态环境污染治理。

- 机构核心业务是与多个公益环保组织联合针对磷化工行业磷石膏渣场污染等行为提起公益诉讼。

- 机构通过民事诉讼，要求磷化工企业承担法律责任，改善湖北当地磷石膏的生态环境污染现状，要求对已经发生的生态环境污染进行治理，进行环境修复和环境赔偿。

✦8. 省长／市长信箱

法规依据：

> 🔨《信访工作条例》第十七条规定：公民、法人或者其他组
> 织可以采用信息网络、书信、电话、传真、走访等形式，
> 向各级机关、单位反映情况，提出建议、意见或者投诉请求，
> 有关机关、单位应当依规依法处理。

去哪儿找：

● 如图 3.15 所示，生态环境部官网设置有部长信箱，各地人
民政府官网也有公布相应的省长或市长信箱。

图 3.15 生态环境部官网上的部长信箱

怎么做：

● 点击进入生态环境部官网，进入"互动交流"板块，可找
到"部长信箱"通道。

● 以四川为例，公民或有关组织可以登录四川省人民政府官
网，在首页最下方找到"省长信箱"入口，而后点击进入
即可直接就环境污染或生态破坏情况向省长致信（如图
3.16 所示）。同时可以看到，在该页面的最下方也有公布
各地级市（州）长信箱。值得注意的是，该途径需要经过
实名认证，同时，公民或其他组织应当确保所反映的情况
属实，不存在侮辱或诽谤情况。

图 3.16　四川省人民政府官网

总结：高效政策倡导方法推荐的优先原则

阅读完本节，您或许已经了解到行动计划的设计过程分为两步、选择其中8个倡导成效相对较高的方法等内容，但您可能仍然在犹豫：该把哪些方法纳入行动计划中。其实倡导方法可以有千百种，制订行动计划前也需要通过实践先得出清晰的战略目标。要设计出能够推动多元协商的行动计划，吸纳不同利益相关方的立场和意见，我们有以下建议：

(1) 在法治政府建设的背景下，推荐优先使用我们前文列举的8种方式。

(2) 在上述的8种方式中，推荐优先使用"前期协商"的倡导方式。包括部门致信、通过人大/政协建言献策等。

在项目前期的方案制定过程中，如果公众未能及时通过我们推荐的8种方式提出建设性建议，随着项目开始执行，实施的时间越长，政策倡导的工作则会变得越发被动，万一处理不好甚至可能演变成不利于社会稳定的负面事件。"事后补救"的做法多数情况下倡导成本高、倡导风险高，而倡导成效并不一定如意。对应地，"前期协商"是更为事半功倍的捷径。

首先，前期协商能有效掌握成本、减少止损代价。政策/项目的实施往往涉及政府部门、企业、公众等多个利益相关方，协商所处的阶段越早，对各个利益相关方而言止损的代价越小，各方便会更愿意配合推进政策的落实。因此，进行政策优化改良的可能性更大。

其次，前期协商能促进社会稳定。在政策／项目的前期广泛协商的过程中，能够让各利益方、多元主体的建议和观点充分交融，减少分歧，找到最大公约数，形成普遍共识。保障政策／项目顺利推行，减少"事后举报"等情况发生。

因此，推荐优先使用"前期协商"的政策倡导方式。

（三） 如何深化行动计划内容

通过上一节的简介，您应该已经选择了几个不同的政策倡导方式，也大致计划了各方式之间应如何互补配合。这些是您机构政策倡导行动计划的基础。然而要能够说服其他利益相关方（尤其是政府部门），您需要成为这一问题的"专家"——这里说的专家不是指学术上的头衔，而是指具备前线实操经验，了解问题的相关法规、科研、执行的情况，能推动多方就政策改良协商讨论。

本节列举了深化行动计划的 4 个方法，包括：

方法一：问卷调研

问卷的作用，根本在于帮助调查者收集有研究价值的资料。设计出科学合理的调研问卷，是政策倡导活动成果的正确性、科学性的保证[1]。要设计理想的问卷，总的原则是：以完成调查为目的，同时兼顾问卷要易于作答。

美国传播学者利贝卡·鲁宾等就构建问卷、设计问题提出了如下原则[2]：

1. 问卷的起始部分应重新确定调查的重要性和自愿参与的原则。

2. 对怎样作答的解释（或者跳过作答特殊问题）应当易于理解。

3. 确保问题简单、准确和易于理解。

---

[1] 施永忠. 社会实践之调查问卷设计的指导 [EB/OL]. [2023-07-15]. http://www.hzzdfz.cn/article/detail/idhzzdfz_3514EF743AA68422ED34DAB7F734F1F4.htm.

[2] [美] 利贝卡·鲁宾，艾伦·鲁宾，琳达·皮尔. 传播研究方法：策略与资料来源 [M]. 黄晓兰，肖明，丁迈，译. 北京：华夏出版社，2000：170 ～ 180.

4. 每个问题一次涉及一件事情，不要在一个问题里包括两个或多个问题。

5. 被访者必须事先对研究主题有一个基本的概念。当工作人员知道被访者并不知道某个政策内容时，不能询问被访者是否赞成该政策。

6. 要求被访者作出的回答是符合逻辑、清楚并且前后一致的。无论是开放性问题还是"唯一答案"的问题，这些选项必须给被访者提供足够的选择空间。

7. 问题和答案的选择应当易于理解，并且先后顺序是合乎逻辑的。

8. 问卷中的问题应当和其他部分具有相关性。

9. 如果我们为被访者提供潜在的答案，我们需要确保不缺少可能的答案，并且答案具有相互独立性。

10. 问题必须清楚地打印出来，看起来非常专业，问题间和问卷边缘留有足够空白。

11. 问卷的顺序

（1）时间顺序：不必特别追求询问的时间先后顺序，以有利于问卷的展开为衡量标准，既可以先问较近的，然后问较远的；也可以先问较远的，再问较近的。

（2）内容顺序：内容的顺序应视为三个方面：一般的问题放置在问卷的前面，特别的问题放置在靠后的位置；被访者较为熟悉的问题放在前面，后续再问较为生疏的问题；被访者容易回答的问题放在问卷前面，不易回答的问题放在问卷靠后的位置。

2020 XXXXXX 工作坊前期调研问卷

（2020 年××月××日）

问卷设计原则 1、2

本次调研，是为了了解各机构对政策倡导技能的期望与需求，
以便更好地分享内容。感谢各位配合！

一、机构背景

问卷设计原则 3、4

  1. 您的机构全称是

    _____

  2. 您所关注的议题/服务领域是（可多个）

问卷设计原则 6

    _____

二、政策倡导工作

  3. 政策倡导工作是属于机构日常工作范畴吗？

问卷设计原则 7、9

    A. 否   B. 是

  4. 您工作中会接触到的政策倡导方式是？（可多选）

    A. 直接提供相关政策建议（部门致信、信访、市
       长信箱、听证会）

    B. 通过人大 / 政协简介传递公众意见

    C. 法律手段（信息公开申请、行政复议、公益诉
       讼等）

    D. 线下公众参与活动

    E. 媒体传播（通过媒体表达观点）

    F. 专业性交流（学术研讨会等）

    G. 多方行动（联盟游说、联合行动、多元共治等）

    H. 其他_____

    I. 没有接触过

（中间省略部分题目）

  8. 是否曾给部门写过建议信/意见信

问卷设计原则 8

    A. 否

    B. 是，建议信题目与投递部门分别为

    _____

  9. 是否曾收到过部门回函

问卷设计原则 11

    A. 否   B. 是

  10. 有否了解关注议题的法律、条例、规划、通知等法
     规政策？

    A. 否（跳到第 12 题）

    B. 有，举例有关法规政策

    _____

图 3.17　调研问卷范例（省略后续题目）

（3）类别顺序：整份问卷一般包含好几项内容，通常可以分为三类：第一类是被访者的个人基本情况，如年龄、性别等；第二类是行为资料，如是否参与某政策倡导活动；第三类是态度资料，如对政府部门某政策实施的满意度等。

12. 一般情况下，问卷的长度不宜过长或过短，即作答时间一般应控制在 30～40 分钟。

13. 问卷的开头通常会设置一小段引入文字，提醒说明研究目的与重要性、如何勾选、不泄露隐私等项。这一步骤很不起眼但是很重要，是控制被测者反应的一个重要环节。

图 3.17 便是一份典型的调研问卷。

方法二：实地调研

根据项目执行或个案跟进的情况，需要安排实地调研，前往现场获取更多详细信息，配合研究成果使用。实地调研中使用的方法因研究主题或学科而异。比如，生态或环境方面的实地调研主要注重观察与记录动物与环境的互动；而社会科学方面的实地调研则侧重于采访或观察人，以了解人的语言、习俗或社会结构；社会科学方面的实地调研经常采用调查问卷或访谈形式，前文已详述。

然而不论所选取的方法是什么，在调研实行之前，需要明确一些调研的守则：

1. 必须详细彻底地查询法规及相关政策：所关注问题到底有没有违法？有没有获得合法的手续？

2. 尽量多用数字来描述，例如：填海面积、工程需时、受影响物种数目、生态环境恢复年期等。

3. 对于当地情形，重要问题必须进行实地踩点探究，用带卫星定位及日期程序的设备或软件拍照或现场定位经纬度以作证据。

4. 如非亲眼所见，必须说明出处，比如"据 × 月 × 日 ×× 新闻网相关报道""据 × 月 × 日卫星图片显示"，引用网络图片需列明出处。

5. 先查找官方相关数据资料，再查找相关论文、新闻、报告等资料，引用时必须说明来源。

在明确了以上守则后，便可以设计实地调研计划（如图 3.18 所示）。

第一步，明确调研目的。确定本次实地调研具体需要调查什么。可以进一步明确哪些工作是桌面研究已无法满足、必须线下调研完成的。例如，项目需要调查广州城中村内古树保护状况，桌面调研仅能了解广州古树名木登记情况，无法掌握每棵古树是否已得到保护、挂牌等，这需要前往实地核查。

第二步，设计调研方法。从调研目的出发，梳理出实地调研需要获取哪些必要数据、信息，并将之一一罗列。而为了获取这些数据，要选择对应的、合适的方法。涉及物种调查的，一般包括样方法、样线法、红外相机观测法、测量法等；涉及人为活动的，一般包括访问法、观察法、实验法等。

明确调研目的

01 进一步确定有什么工作是桌面研究无法满足,必须通过线下调研完成的

设计调研方法

02 梳理实地调研需要获取的数据/信息,选择对应的方法

制定调研方案

03 包含路线、日程、食宿、注意事项等

编写调研预算

04 根据日程编写预算

图 3.18　实地调研前期筹备流程

　　第三步,制定调研方案。完成第一、第二步后,则可以整体规划调研方案,包含整个调研期间的食、住、行各方面,此时就需要更加细致地安排整个调研工作。如果调研天数比较多,则涉及事项会相对复杂。具体而言,调研方案中应包括调研天数、日期、行车路线、步行路线,每日日程时间安排、分工,住宿酒店安排,以及其他注意事项等。通过方案提前安排统筹所有事项(如图3.19所示)。

　　第四步,编写调研预算。调研方案确定后,根据日程安排编写调研预算。

守护南粤生命线踩点计划

时间：2020 年 1 月 17 日
人员：a、b、c、d
地点：广州—珠海

集合时间：7：45-8：00
集合地点：广州南站 P8 停车场
分工：a（统筹、航拍）
　　　b（主司机、辨认红树种类）
　　　c（副司机、记录施工牌子、踩点拍摄工作照）
　　　d（两步路测量红树占用直线距离、撰写踩点报告）

第一个踩点位置 8：00-9：40（车程 50 分钟，踩点 50 分钟）

项目背景：工程共破坏红树林面积 4338m²，永久占用 337.5m² 的红树林生境。施工结束后将对临时破坏的红树林进行补栽，对于永久破坏的红树林进行异地补偿种植。

踩点内容：
1. 航拍：确认红树林被占用面积是否与环评描述的相一致（拍照片），周边是否有补充红树的迹象
2. 地面：现场施工拍摄记录（重点记录工程施工牌子）
3. 地面：两步路测量红树占用直线距离，记录端点 GPS 信息，记录保留的红树物种

<table>
<tr><th colspan="7">活动预算申请表</th></tr>
<tr><td>活动名称</td><td colspan="2">XXX踩点</td><td>活动时间</td><td colspan="3">2021.1.17</td></tr>
<tr><td>活动负责人</td><td colspan="2">XX</td><td>联系方式</td><td colspan="3"></td></tr>
<tr><td rowspan="2">活动内容</td><td colspan="6">（简述 100 字内）</td></tr>
<tr><td colspan="6">广州—珠海两地 三个项目踩点</td></tr>
<tr><td rowspan="9">经费明细</td><td>名称</td><td>数量/天数</td><td>单价</td><td>总额</td><td>报销类型</td><td>用途/说明</td></tr>
<tr><td>租车费用（含保险）</td><td>1</td><td>439</td><td>439</td><td>交通费</td><td></td></tr>
<tr><td>踩点产生的油费</td><td>1</td><td>300</td><td>300</td><td>交通费</td><td></td></tr>
<tr><td>保险费</td><td>4</td><td>10</td><td>40</td><td></td><td></td></tr>
<tr><td>餐费</td><td>4</td><td>40</td><td>160</td><td>餐费</td><td>午餐</td></tr>
<tr><td>XXX路费</td><td>1</td><td>300</td><td>300</td><td>交通费</td><td>来回高铁+市内交通</td></tr>
<tr><td>XXX路费</td><td>1</td><td>300</td><td>300</td><td>交通费</td><td>来回高铁+市内交通</td></tr>
<tr><td>XXX路费</td><td>1</td><td>30</td><td>30</td><td>交通费</td><td></td></tr>
<tr><td>XXX路费</td><td>1</td><td>30</td><td>30</td><td>交通费</td><td></td></tr>
</table>

图 3.19　实地调研计划范例

调研守则范例：

1. 发起授权——所有实地调研活动，必须经机构批准、报备，包括线下聚会、个案实地调研（踩点）等；

2. 人数——严禁单独 1 人参加线下活动；2 人出行，必须经全体全职同事的同意；3 人及以上人数出行，必须至少有 1 名机构全职同事参加；

3. 通告——所有实地调研活动，出行前需在工作群预告；出行期间，需及时在工作群反馈活动动态、进展；

4. 保险——参与个案实地调研（踩点）的人员，需由机构购买人身意外伤害险；

5. 注意——如遇到突发事件应有应急机制。

方法三：调研报告撰写

按计划实施完调研或实地考察后，往往积攒了大量实景照片、在地公告资讯、口头采访记录等信息，有必要将这些资料及时整理成调研报告记录归档。一方面通过信息梳理，方便制定下一步行动计划；另一方面经分类归档，便于后续进行深度研究分析时随时调取。调研报告主要由案由、调研目的、分工、路线、现状描述、总结、下一步计划组成（如图 3.20 所示）。其中前 4 项内容需要提前完成，调研后补充后 3 项内容。

1. 案由：描述调研的缘由、发起调研的原因。若是与建设项目相关，则详细列出项目名称、参考资料网址（便于溯源）、项目基本情况，还包括调研日期、地点、人员等基本信息。

2. 调研目的：说明踩点调查的主要内容。最重要的是，列出 1～3 点本次调研现场关注的关键信息。比如，记录红树林生长面积、生长态势、项目建设进度等，以便所有调研人员都清晰明了，在现场留意记录。

3. 分工：外出调研机会难得，且涉及多项细碎工作，需提前进行人员任务分配，保障调研过程顺利进行，并完成调研任务。

4. 路线：出发前，通过地图提前规划好行车路线、步行路线、停留位置等，根据路线长度合理安排调研、休息时间。

5. 现状描述：选取具有代表性位点的现场照片或视频，详细记录特定位点的现场信息，包括拍摄时间、拍摄坐标点、照片拍摄朝向、简短文字描述等，使得未参与调研的人也能清晰获取必要信息。坐标信息的记录可以借助 GPS 记录仪或户外 App（如两步路、行图等）。

6. 总结：根据调研结果，总结调研情况，回应第 2 点调研目标提出的要点，确保达到完成调研任务的目的。如有现场获取的其他新资讯，也列点总结。

7. 下一步计划：基于调研情况与总结，提出下一步计划，以推进研究项目的开展。

提示：为了更加方便展示现场实地调研的图片、坐标朝向等图文信息，推荐用 PowerPoint 的形式来编制调研报告。

XX 市 XX 镇红树林及 S 电厂填海区域踩点报告

实地调研
2020.XX.XX
人员：人员 X 人员 Y 人员 Z

---

1. 案由

- S 电厂环评报告称西侧海域会填海，从卫星图判断，附近红树林有枯死迹象

- 调研地点：XX 省 XX 市 XX 镇
- 调研日期：2020 年 XX 月 XX 日
- 调研人员：人员 X 人员 Y 人员 Z

- 参考资料：环评报告公示：www. aabbcc.gov.cn/aabbccddee

图 3.20　实地调研报告范例

（续表）

2. 调研目的

（1）记录 S 电厂填海地块西侧与 XX 村附近红树林生长状况。

（2）了解填海区域现状、S 电厂停工时间、现有无施工情况。

（3）记录施工范围边界、红树林生长边界。

3. 调研分工

人员 X：拍摄照片、记录红树林生长状况（全景、近景），记录现场情况。

人员 Y：导航、交通安排、标记每个坐标拐点。

人员 Z：村民访谈、调研报告撰写。

4. 调研路线

5. 现状描述—— S 电厂填海地块西侧红树林

拍摄时间：2020年xx月xx日 12:20
坐标：21°xx'xxxx" N，109°xx' xxxx"E
描述：围堰内水体不流动，滩涂有大片区域沙化严重，沙化区域零星分布红树，其中有3棵枯死。发现入侵物种互花米草。

图 3.20　实地调研报告范例（续）

（续表）

6. 总结

（1）围堰造成的水动力不足，确定已造成围堰内、S电厂填海地块西侧红树林退化，有的红树已枯死，土质沙化。

（2）互花米草侵入可能也是导致红树林退化的一个重要因素。

（3）当地的污水直排入海，污染红树林生境，玻璃厂可能是其中一个污染源。

（4）S电厂于2017年停工，暂无动工迹象，但随着海域的出让，电厂的建设可能会复工。

7. 下一步计划

（1）媒体稿1篇，侧重该项目从规划到项目落地，可能对红树林生境的影响。

（2）建议信1封，结合调研数据和照片，致信地方政府部门，推动红树林生态修复。

（3）继续研究方向：S厂所在T港区的相关规划，分析规划对附近红树林的影响。

图 3.20　实地调研报告范例（续）

方法四：研究报告的撰写

一般情况下，针对个案跟进，一封意见信基本就足以与政府部门进行沟通，然而若个案背后牵涉数据量较大，或是需要进行多个市级或以上政府部门的法规、政策梳理的，就需要以研究报告的形式呈现。研究报告的撰写一般有两种途径，即由机构自行撰写或委托第三方机构进行撰写。下面我们将分享的是由机构自行撰写的注意事项。

一份好的研究报告，是最终形成的议案／提案的坚实基础，而报告水平将直接影响议题的传播交流与政策倡导成效。相对于学术性报告，以政策倡导为导向的研究报告，多简化研究过程与方法，强调研究结果和政策优化的执行。通常以较为直观的统计图、表格展示分析，结果与政策建议能够一一对应。研究报告的撰写基本步骤如下：

步骤一：确定主题。明确而清晰的主题能够保证报告的研究、选材顺利开展。政策倡导过程中，往往是由现存社会问题导向研究主题。

步骤二：拟定大纲。主题确定后，先不急于提笔撰写报告，可以首先尝试拟定大纲框架。拟定大纲时，通过架构一级标题、二级标题、三级标题，在三级标题内尝试细化每个论点的切入角度，以短句概括。这样有助于从整体上梳理整个报告的逻辑。

步骤三：选择材料或设计补充研究。大纲确定以后，基于手上已有材料进行针对性的筛选，去除无关内容。对每一部分评估，对资料支撑不足的部分，设计补充研究，进行法规梳理、实地考察、问卷调查、文献研究、数据分析、访谈等，紧扣每部分的主题搜集材料和设计研究方案。

步骤四：撰写报告。经过前面三轮工作，我们基本上已经初步形成一个结构明确、逻辑清晰、材料齐全的报告雏形。接下来即是对材料的编排、细加工，从而组织成一份完整的报告。通常，一份有效的研究报告结构大致相仿，包含6大部分：摘要、背景／引言、研究方法、相关法律梳理、问题总结和政策优化建议（如图 3.21 所示）。

G 市旧村改造的古树保护公众参与政策优化研究

摘要

一、背景：古树保育公众参与背景及现存问题（个案梳理）

（简述）通过整理 2019—2021 年间的城市绿化个案，CECA 发现有非常多的树木会因为某些工程，例如旧村改造工程等而被砍伐，甚至包括一些法律法规令禁止砍伐或迁移的百年老树。最终，通过对现存相关法律法规及工程项目落地的相关流程的梳理，CECA 发现了相关法律法规背后的漏洞，为了寻求改变，CECA 决定以此为研究主题进行政策倡导。

CECA 整理了 G 市近几年出台的一系列城市更新以推进"城中村"改造工作的政策措施，并说明了旧村改造如何与古树保护相互联系。接着说明了在旧村改造过程中古树被破坏的情况，引出经典案例，并解释这种情况难以制止的原因。最后用中心段概括说明了旧改过程中的古树保护困境及研究切入点和研究预期目标和效果。

二、研究方法

研究主要通过走访，分别着重于古树保护情况核查、树龄测量、专家评估、村民访谈等，并综合运用了问卷调查法、访谈法、观察法。

三、相关法律梳理

1. G 市古树名木保护专项法规梳理
2. G 市旧村改造政策中的公众参与程序

四、问题总结

1. 古树保育公众参与路径不够顺畅
2. 财政投入、公共管理资源不足导致公众参与古树保育受限
3. 古树保育的公众意识薄弱及赋能不足
4. 旧村改造政策法规中古树保护公众参与流程上存在问题
……

五、政策优化建议

……

图 3.21　研究报告撰写大纲范例

1. 摘要。这一部分占一页左右的篇幅，简明扼要地描述本研究报告的基本结构和内容。目的是让读者能够在短时间内迅速了解该研究报告的核心内容和研究成果。

2. 背景／引言。在这一部分我们可以梳理近年来关于此次研究的相关案例、影响因素（政策方面）。除了介绍和引入作用，本部分需包含简

单的主题描述，包括发现的问题和研究方向，以及研究目的、研究层面和希望达到的效果。

3. 研究方法。简单介绍进行本次研究主要用到的方法。研究方法主要有问卷调查法、访谈法、观察法、咨询专家等。

4. 相关法律梳理。任何研究问题后面都有支撑其的或大到国家级，或小至区域的相关法律法规。对这些法律法规的梳理有助于厘清它们之间的关系及可能存在的漏洞。

5. 问题总结。该部分是对资料搜寻、实地调研及政策梳理的内容进行的总结。

6. 政策优化建议。根据总结的问题逐条提出可行性建议。

在整份报告的撰写中需要注意的是，报告必须根据扎实的先导研究，结合量化方法，用精简的语言直接陈述要点。语言选择需考虑受众，避免过多专业术语。再者，研究引用的具体法律条款也需准确标明出处。

政策倡导行动计划模板及范例

阅读完本章第一至第三节后，您对不同的政策倡导方法，都应该有了更深入的了解。结合第二章对机构业务的分析以及相关法规的梳理，您现在可以利用以下模板，策划适合您机构的政策倡导行动计划：

1. 在机构核心业务开展中，我发现什么法规漏洞／问题？（200～300字）请准确具体描述问题涉及的法规条文、存在的地理位置、环境状况、问题现象及原因、受影响人群。（聚焦1～2个问题）

范例:

　　XX 省级自然保护区内出现企业未对堆放的大量尾矿砂等废渣进行清理和开展生态恢复治理。XX 省级自然保护区内堆放尾矿砂等废渣逾 85 万立方米,侵占自然保护区面积约 400 亩。其中 X 公司在自然保护区核心区内堆放的尾矿砂共约 70 万立方米,侵占自然保护区面积共约 268 亩,压占自然保护区核心区的部分河道,被废渣侵占区域原有的地表植被遭到破坏,采选企业废渣乱丢乱弃问题长期得不到有效解决。

提示: 范例准确提及问题所在的地点, 也梳理出违反法规的内容"占用自然保护区核心区", 并用具体数字描述问题。

2. 机构期待实现什么目标? 将带来什么变化? 预期成效如何? (200～300 字) 请简要准确地运用具体可衡量的文字或数据描述采取行动带来的预期改变。

范例:

　　通过梳理自然保护区维护的相关法规和政策、废渣处理和采选企业规划作业的流程,并赋能志愿者参与研究,形成政策研究报告,提出切实、可行的政策建议递交给 XX 市政府部门,目标是督促 XX 市生态环境局解决自然保护区的废弃物堆放问题,规范 XX 市能源局、XX 市规划和自然资源局审批采选企业建设开发项目的过程、优化 XX 市政府和 XX 市能源局管理和监督当地采选企业的流程，从源头上减少采选企业在自然保护区中将废弃物乱堆乱放的情况，有效维护 XX 省级自然保护区。

提示：范例准确提及问题所涉及的职能部门，产出明确，行动路径清晰，问题及解决的思路聚焦，倡导效果可感知。

3. 开展哪些活动能够实现上述目标？（600 ～ 800 字）

面向哪个部门 / 改良哪个法规 / 具体的活动是什么样的 / 涉及的利益相关方有哪些？（我要采取什么政策倡导行动？）

范例：

(1) 组织 3 ～ 4 名 XX 市环保志愿者协会环境监督委员会成员，走访 XX 省级自然保护区，向护林员或居民了解当地现状。

时间：2021 年 9 月 15 日—2021 年 9 月 30 日

产出：一份访谈记录

(2) 寻找熟悉《固体废物污染环境防治法》《选矿规程》《中华人民共和国自然保护区条例》等法律法规的公益律师或法律专家（如与 XX 环保志愿者协会合作的 XX 大学环境法研究中心专家），识别出废弃物堆放、地方政府和生态环境局管理当地采选企业流程中管理不到位的具体问题及违反的条例。

时间：2021 年 10 月 10 日—2021 年 10 月 30 日

产出：寻找公益律师或专家 X 位，出具违反的法规条例清单一份

(3) 通过文字描述、照片和视频等形式记录保护区内实况，结合线上或线下的方式邀请熟悉废弃物危害、自然保护区的专家学者和高校志愿者（如 XX 学院的教师和学生志愿者），明确并记录遭到破坏的保护区域范围、受害物种，预测污染对其他区域的影响。

时间：2021 年 11 月 1 日—2021 年 11 月 15 日

产出：一份实地调研记录，涉及被破坏地区的生物清单

(4) 针对 XX 自然保护区的问题：梳理关于自然保护区维护的相关法律法规和政策、废渣处理和采选企业规划作业的流程，结合监督委员会志愿者踩点及第三方报告，识别出流程中地方政府参与缺失、管理不到位等问题，对清理 XX 自然保护区内废弃物和审批管理采选企业建设项目及其堆放废弃物提出优化建议，形成方案报告并提交 XX 市生态环境局。

时间：2021 年 11 月 16 日—2021 年 11 月 30 日

产出：一份 XX 政策建议报告，与 XX 市生态环境局电话沟通 X 次

(5) 针对政府部门管理的问题：根据采选企业在 XX 自然保护区乱丢乱放废弃物的现象和分析，依据相应法律法规政策和政府部门的相应职责，向 XX 两会提案，提出 XX 市政府、XX 市规划和自然资源局、XX 市能源局对 XX 市采选企业建设项

目及其堆放废弃物审批和管理的政策优化建议。

时间：2021 年 12 月 1 日—2021 年 12 月 15 日

产出：一份 XX 两会提案，联络人大 / 政协 X 次

提示：*范例进一步明确了行动路径，并在每一个步骤上列举出所参与的不同利益相关方。在行动前把相关法规初步筛选出来，使得政策倡导的"政策"得以明确，也可以更聚焦地找到外部专家帮忙。重要的是有明确的产出时间和产出计划，让机构政策倡导行动更高效。*

4. 机构政策跟进的模型（400 ~ 500 字）

周期 / 部门链接 / 关键词 / 机构资源配置 / 跟进策略。

单位性质	单位名称	栏目名称	细分栏目	网址	关键词
环保、矿业	██市生态环境局		政府服务	http://██sxxz.gov.cn	采选企业、废弃物、自然保护区、堆放
	██市规划和自然资源局		政府信息公	http://██sxxz.gov.cn	采选企业、废弃物、自然保护区、堆放
	██市能源局		政府信息公	http://nyj.██.gov.cn	采选企业、废弃物、自然保护区、堆放
	██省自然资源厅	县市动态	忻州市	http://zrzyt██.gov.cn	采选企业、废弃物、自然保护区、堆放

图 3.22　部门公示链接收集范例

范例：

周期：每五天一次，由 1 名协会环境监督委员会志愿者定期检索

部门链接：见图 3.22

关键词：采选企业、废弃物、自然保护区、堆放

跟进策略（机构资源配置）：

(1) 志愿者在检索过程中若发现与关键词相关的公告链接，将项目名字、日期和链接公示在协会环境监督委员会志愿者的公共群聊中。

(2) 1～2 名环境监督委员会志愿者作为该公告主理人，根据公示时间，在 1～2 个工作日内完成初步研究。

　①由协会会长决定是否需要致信相关部门，如需要，由 1～2 名主理志愿者在 1～2 个工作日内把初步研究内容改写为意见信。

　②全体环境监督委员会志愿者（本协会为 7～8 名）共同审核意见信内容，1 个工作日内提出修改建议，主理人志愿者也应在 1 个工作日内完成修改。

(3) 修改后的意见信由协会会长审核，1 个工作日内提出修改意见，主理人志愿者在 1 个工作日内完成修改。

(4) 协会会长确认意见信无误，定稿。安排协会办公室全职同事寄送，并由 XX 市环保志愿者协会环境监督委员会志愿者每 1～2 周致电相关部门跟进该个案进度。

(5) 如发现个案无进展，修改意见信，转交该职能部门的上级部门。如已按要求进行优化，由协会会长和主理志愿者判断是否结案。

(6) 如个案有初步跟进结果，改写成通俗易懂的语言，在微信、微博等平台发布，联系 XX 市传统媒体寻求报道机会。

试运行时间及工作分配：

2021 年 9 月 2 日—2021 年 9 月 10 日：负责人 XX 向核心志愿者提供最新政府文件的政策倡导模型，通过语音、PPT、线上会议等形式分两次培训机构核心志愿者（X 名）学习、掌握模型。

2021 年 9 月 15 日—2021 年 10 月 15 日：负责人 XX 与 X 名核心志愿者一起进行政策倡导工作，参与政策倡导模型运行，保证其运行的有效性。参与模型中的检索、决策、撰写、审核等各个阶段，负责接受和协调模型运行过程中的反馈并对实践中的模型做出更新和改进。

提示：上述跟进策略可以根据机构实际情况进行调整，跟进过程分工明确，能提高倡导行动产出的稳定性。提前收集与政策倡导相关的部门链接，也能让机构负责人快速了解最新的部门政策，提高机构的政策敏锐度。

第四章
定期评估政策倡导目标及
成效的工具

本章概述

通过阅读第一至第三章的内容，相信您应该已经有了清晰的核心倡导议题、对应的行动计划和辅助的深度研究计划，也准备就绪，随时可以大展身手了！在开展实操工作前，我们有最后一个建议：为您的行动计划制定一个定期评估目标成效的机制。

在开始阅读本章内容前，请您仔细思考以下问题：

1. **您机构的政策倡导目标是什么？**

2. **您机构现有的全职人手，各人的核心任务和工时占比；**

3. **您机构现有的志愿者、专家人数，各人的核心任务和工时占比；**

4. **假如您的政策倡导目标达成，为社会带来的具体改变是什么？**

5. **假如您的政策倡导目标达成，为机构带来的具体改变是什么？**

以上5个问题，代表了一个机构要完成一次政策倡导项目所要准确计算的不同资源，而对资源投入最有效的评估方法就是 ROI (return on investment)。市面上有关如何把机构目标转化为可量化的指标的工具有很多，本章将介绍一套战略量化管理的工具。

我们相信，政策倡导是提升政府部门行政效率的重要方法，社会组织也应该考虑每项工作的效率和成本。尤其一线社会组织大多资源有限，只有制定清晰的目标成效评估机制，才能把资源用在对的位置上。

（一） 量化管理应用介绍

量化管理是以数字为基础，对所有工作进行流程及数字量化的标准化技巧，涵盖机构战略制定、组织体系建设、对具体工作进行量化管理等领域。[①]对社会组织而言，当机构跨过初创期，进入成长期阶段，将面临明确机构定位、资源投放合理化、核心业务稳定增长等多个关卡。量化管理是一种高效率的管理思维和工具，因此推荐机构在制定战略时使用。

为方便一线社会组织更直观地认识量化管理如何开展，CECA 梳理了自身机构使用两年的量化管理经验，形成流程图（如图 4.1 所示）。后续内容将逐一解释每一环节的关键并且提供案例供读者参考。

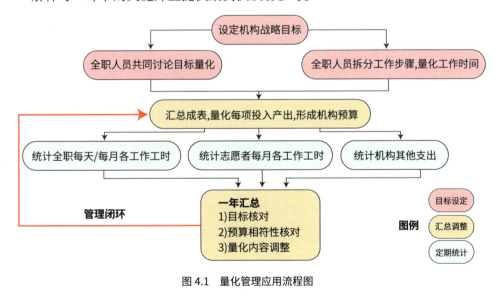

图 4.1　量化管理应用流程图

---

① 王磊.企业量化管理 [M]. 北京：中国经济出版社，2012.

量化管理流程分三个阶段，分别是量化阶段、日常运营和汇总阶段。

✦✦ 1.量化阶段

第一步：设定机构战略目标 —————————————————————

战略目标是对机构业务活动预期取得的主要成果的期望值。[①]设定战略目标也是对机构目的的发展和具体化。这是进一步阐释和定义机构的运营目的和社会任务，也是对机构在具体的战略领域开展工作所要达到的水平的具体规定。战略目标有以下特点：

(1) **宏观性**。战略目标是机构整体状况的总体想法。它将集中在整体上而不是部分上。从宏观的角度来看，这是对机构未来理想环境的一种设定。

(2) **长期性**。设定战略目标是漫长的发展方向。它提出了一个长期的任务，绝不是一蹴而就，所有机构员工必须至少付出 3 年的努力。

(3) **相对稳定性**。因为战略目标是一般方向和一般任务，所以它具有相对稳定性。这样，机构的行动才将有一个明确的方向，负责管理和执行的团队才将对实施目标抱有坚定的信念。当然，强调战略目标的稳定性的同时也要考虑到基于客观需求和发展的必要变化。

(4) **全面性**。科学的战略目标始终是普遍化的，这样对人们行动的要求总是很具体、很全面。

(5) **可分性**。战略目标作为一种概括性的目标、任务和要求，可以在时间

---

① 栾贵勤 . 发展战略概论 [M]. 上海：上海财经大学出版社 , 2006.

和空间上分解成某些具体目标、具体任务和具体要求。

(6) 可接受性。机构策略的实施和评估主要是通过内部雇员和外部公众实现的。因此，必须根据其利益来理解战略目标。

(7) 可检验性。目标的量化是实现目标检测最有效的方法。

(8) 可挑战性。目标本身是激励力量，尤其是如果机构目标完全反映了机构成员的共同利益，实现战略大目标和个人小目标很好地结合在一起，就会极大地激发机构工作成员的工作热情[①]。因此，在设定战略目标的时候可由机构理事会及中层以上管理人员共同参加，并借此梳理机构的核心业务。

范例：

原机构目标：成为一个关注沿海填海工程的环保组织。

量化后的战略目标：以成为聚焦中国沿海，跨界联动倡导生态政策的民间智库作为战略定位，CECA 需要深化自己的优势——专业的个案分析能力和研究能力。同时，持续跟进前期干预个案，尝试建立与咨询专家的联络，建立政策倡导的联络清单，维系两会提案的水平，打造一个能做到即时、专业的干预，具有专业分析力的民间智库。

👥 参与人员：机构理事会及中层以上管理人员

⏱ 所需时间：16 ～ 24 工作小时

---

① 张世君．企业战略管理 [M]．武汉：武汉理工大学出版社，2006.

第二步：全职人员共同讨论目标量化 ————————

在机构理事和中层以上管理人员完成战略目标制定后，需要对战略目标进行量化。目标量化的意义是什么？首先，量化可以将目标由抽象变为具体，量化的过程中也会有相对应的实现路径；其次，将目标量化会提高机构工作人员的效率。由谁来对目标进行量化？我们认为，最好是由执行目标的人自己做决定，若由管理人员量化目标，执行团队（全职人员）虽然明确了应该做什么，但无法理解数字背后的意义，反过来如果是执行团队各自决定的目标，接受起来就比较容易，也更有意愿朝着自己定的目标努力。

范例：

机构业务板块一：海洋守护者，具体目标是全年跟进 100 个个案，35 个核心志愿者，两会提案 4 条。

机构业务板块二：深度研究，具体目标是全年共收录 300 个海洋保护区分项数据，3 个深度研究报告。

机构业务板块三：海洋能量库，具体目标是全年完成 3 场 20 人 2 天以上线上线下政策倡导工作坊，完成 2 次高校课程、3 次国际学校课程。

对应全职人员了解自己的工作岗位的要求和期望。在制定拆解目标的时候，需要与全职人员一起进行讨论，由他们充分考虑实现目标所需要的资源、时间和自身应具备的能力等，如此制定的目标往往离实际操作的差距较小。

👥 参与人员：全体全职人员

🕐 所需时间：16 ～ 24 工作小时 / 人

第三步：全职人员拆分工作步骤，量化工作时间 ————————

全职人员讨论目标定量化过程，也是自身对各自工作流程及投入资源（主要是工作时间）的评估。因此，拆解每个目标背后的工作流程成为全职人员的首要事项。

随着全职人员负责的工作内容逐渐扩大和复杂化，新加入的兼职人员或实习生在业务学习上花费的时间也会增加。特别是如果机构各业务板块工作只依靠口头传授，当负责的全职人员离职，则有可能会出现工作细节丢失的情况，导致后续接手的同事要花大量时间重新梳理。因此，拆解工作过程，也是形成该项工作标准作业雏形的过程。

全职人员拆分工作步骤后，需要根据实际工作经验，预估每件工作的时间分配，以此才能统计每项工作的人力资源投入（如图 4.2 至图 4.4 所示，图中时间单位全部为工作小时）：

海洋守护者	个案跟进	● 初研：4 小时 ● 意见信（初稿到定稿）：4 小时 ● 审核意见信并打印寄出：2 小时
	现场踩点	● 制定计划：4 小时 ● 现场踩点及来回车程：8 小时 ● 踩点报告：2 小时
	志愿者培训	● 基本培训：18 小时 ● 个案跟进：50 小时
	两会提案	● 选题：1 小时 ● 大纲确定：1 小时 ● 资料收集：3 小时 ● 提案初稿：5 小时 ● 初稿审核：1 小时 ● 提案审核：3 小时 ● 委员联系：3 小时 ● 提案终稿：3 小时 ● 递交进度跟进：2 小时

图 4.2　机构业务板块一业务流程量化范例表

深度研究	<ul><li>选题：1 小时</li><li>大纲确定：3 小时</li><li>初稿资料收集：30 小时</li><li>初稿踩点：50 小时</li><li>初稿编制：80 小时</li><li>初稿围读：5 小时</li><li>二稿资料收集：10 小时</li><li>二稿编制：50 小时</li><li>二稿审核：5 小时</li><li>三稿修改及定稿：15 小时</li><li>收录数据：1 小时 / 条</li></ul>

图 4.3　机构业务板块二业务流程量化范例表

海洋能量库	线上线下政策倡导工作坊（20 人 2 天以上规模）	<ul><li>项目申请及签约：30 小时</li><li>工作坊会务筹备：80 小时</li><li>内容筹备及排练：150 小时</li><li>工作坊正式开启：20 小时</li><li>会后逐一跟进：420 小时</li><li>复盘及结项：10 小时</li></ul>
	高校课程 / 学期	<ul><li>项目申请及签约：20 小时</li><li>内容筹备及排练：80 小时</li><li>正式授课及课后作业批改：64 小时</li><li>复盘及结项：3 小时</li></ul>
	国际学校课程	<ul><li>项目申请及签约：15 小时</li><li>内容筹备及排练：50 小时</li><li>正式授课及课后作业批改：32 小时</li><li>复盘及结项：3 小时</li></ul>

图 4.4　机构业务板块三业务流程量化范例表

第四步：汇总成表，量化每项投入产出，形成机构预算 ─────

为记录每个板块不同工作的流程和耗时，需要用一个表格，把上述三步的成果汇总，这也是最终确认全年目标量化的一环。当汇总成表后，便可以按照"时薪 × 工时"的方法，快速了解每项工作的人力资源投入，并以此形成机构预算（如图 4.5 所示）。这样还有一个好处，对于一些同事自身负责板块工作量较多 / 较少的情况，可以通过表格进行调配。

范例：

海洋守护者量化表（2021.1-2021.12）

主要目标（次）			已完成（次）			与预算相距	
河道法规	河道规划	河长制度建议	河道法规	河道规划	河长制度建议	河道法规	河道规划
20	20	10				20	20

量化内容	① 单价（元/小时）	单次耗时（小时）	单次开支（元）	② 数量（次）	全年预计耗时（小时）	全年预算开支（元）
河道法规（志愿者）	0	20	0	20	400	0
河道规划（志愿者）	0	20	0	20	400	0
河长制度建议（志愿者）	0	15	0	6	90	0
踩点（志愿者）	0	16	0	6	96	0
培训（志愿者）	0	2	0	6	12	0
河道法规（全职）	40	50	2000	20	1000	40000
信息公开成本			200	20		4000
河道规划（全职）	40	50	2000	10	500	20000
河长制度建议（全职）	40	30	1200	6	180	7200
踩点（全职）	40	16	640	6	96	3840
培训（全职）	40	5	200	6	30	1200
踩点成本			3000	6		18000
合计	/	/	/	/	1806	94240

图 4.5　机构工作量化表格模板（部分）

表格将志愿者和全职人员分别放在量化内容栏目中，并区分同一板块不同工作内容。

方框①：将各板块负责人提供的各类工作时间，放在单次耗时的栏目中。根据机构实际薪酬制度，填入志愿者 / 全职人员的时薪，并计算出单个工作所花费的机构资金。

方框②：根据机构目标量化后的每个核心业务板块数据，计算出全年机构在每类工作需要投放的资源，形成初步预算。通过复核每个全职人员递交的全年工作计划（如图 4.6 所示），微调每个板块的目标量化数据，结合机构的日常支出，便能得出机构全年预算。

2022 年工作计划

日常职责	工作指标	量化指标
1.政策研究	20%工作时间	1. 1月完成 XX 河道法规研究 2. 2月完成 XX 河道规划研究 ……
2.巡河净滩	30%工作时间	1. 1月完成 XX 河道巡护 2. 2月完成 XX—XX 位置净滩 3. 3月完成10名志愿者培训 ……
3.自然教育	30%工作时间	1. 1月推动 XX 学校签约，款项1万元 2. 2月推动 XX 企业签约，款项2万元 3. 3月 XX 课程启动 ……
4.行政工作	10%工作时间	1. 机构审查 2. 财务审查 3. 和部门沟通 ……
5.个人能力提升	10%工作时间	1. 英语能力提升 2. 项目管理能力提升

图 4.6 全年工作计划模板

参与人员：机构运营负责人

所需时间：16 ～ 24 工作小时

✦✦2. 日常运营

全职人员每天 / 每月统计各项工作时间，如图 4.7 所示。

每天由全职人员先列出各项工作时间，实际上是协助他们梳理当天的工作重要程度，让重要且紧急的事情可以提前规划好时间投入。把一天工作时间可视化，反复练习一段时间后，全职人员制定计划时的预计时间与实际时间的差距会越来越小，从而对时间更有感知力和掌控力。

此举除了有利于提升全职人员的个人时间管理能力，也有利于提升整个机构的"日工作效率"。因为全职人员的工作并非由个人单独完成，很多项目工作需要多方协作。因此，多数机构全职人员的工作经常被团队工作打断，比如回复源源不断的电子邮件和微信、参加开不完的会议等。当研究类工作、文字创作类工作等需要专心进行的工作被无限拖后，全职人员当天的工作时间就会超过预估时间。

在全职人员列出每天需要完成的各项工作后，可以用 10 ~ 15 分钟快速沟通当天需要协作的工作，例如临时的工作会议、工作交接等。

这个方法同样能优化全职人员对长时间跨度项目的精确把控，避免项目任务超时完成或在截止日期前一天安排大量工作。全职人员每天记录各项工作用时，每月集中进行汇总，并递交给机构运营负责人。

今日预估工作时间：

1. 个案讨论会准备 1.5 小时

2. 个案：意见信寄出、个案推进 3 小时

3. NGO 培训：时间管理培训 3 小时

4. 高校：PPT、飞书 1 小时

5. 行政：晨会 + 其他沟通 1 小时

今日实际工作时间：

1. 个案讨论会准备 1.5 小时（√）

2. 个案：意见信寄出、个案推进 3 小时（√）

3. NGO 培训：时间管理培训 2 小时（**× 尚未完成**）

4. 高校：PPT、飞书 1 小时（√）

5. 行政：晨会 + 其他沟通 2 小时（**× 超时完成**）

图 4.7　工作量记录范例

　　上述例子的上半部分是全职人员每天上班前预估的工作内容，下半部分是全职人员下班时的实际工作投入。可以发现在第三项工作中，实际投入比预估时间少了 1 小时，导致该任务未能完成。原因正是第 5 点，团队的"其他沟通"，如临时的会议占用了 1 小时。这种情况在实际工作中经常发生，此时需要项目负责人能快速确认该项工作的完成进度，避免超出任务时间节点。

3. 汇总阶段

每个月，全职人员根据每天实际工时的投入情况，将数据填写到各自负责工作内容的汇总表格中（如图 4.8 所示）。这项工作能确认全职人员当月时间投入是否出现重大偏差，也能用于统计该项工作距离预估时间还剩多少。如果出现超出预估时间的情况，则判断原因。这样有利于团队在进行下次工作的时候，优化工作流程，提高工作效率。

参与人员：机构各全职人员

所需时间：0.1 工作小时 / 天

	2020年资源投入											填表人：	
月份 量化内容		1	2	3	4	5	6	7	8	9	10	11	12
海洋守护者	个案跟进	30	50	40									
	踩点	14	0	0									
	内部培训	2	4	2									
	机构提案	2	4	22									
深度研究	收录数据	14	10	15									
	深度研究报告	30	25	45									
海洋能量库	高校准备+投入	31	31	31									
	国际学校准备+投入	0	0	0									
	NGO培训准备+投入	25	20	0									
	项目名												
机构日常	行政沟通	30	33	28									
海洋守护者(30%)		26.14%	31.21%	34.97%	#DIV/0!	#DIV/0!	#DIV/0!	#DIV/0!	#DIV/0!	#DIV/0!	#DIV/0!	#DIV/0!	#DIV/0!
深度研究(25%)		25.00%	20.23%	32.79%	#DIV/0!	#DIV/0!	#DIV/0!	#DIV/0!	#DIV/0!	#DIV/0!	#DIV/0!	#DIV/0!	#DIV/0!
海洋能量库(25%)		31.82%	29.48%	16.94%	#DIV/0!	#DIV/0!	#DIV/0!	#DIV/0!	#DIV/0!	#DIV/0!	#DIV/0!	#DIV/0!	#DIV/0!
机构日常(20%)		17.05%	19.08%	15.30%	#DIV/0!	#DIV/0!	#DIV/0!	#DIV/0!	#DIV/0!	#DIV/0!	#DIV/0!	#DIV/0!	#DIV/0!

图 4.8　每月工时统计表范例

　　机构中高管理层及理事会，可以通过此表格，每 3 个月 / 半年检查全职人员的工时分布与个人全年工作计划相比是否有较大偏差，并及时找出问题。如图 4.8 所示，将每月工时统计后，可以明显发现工时分布与个人全年工作计划的差异性。例如红色标注代表该项工作的工时分布过量或不足，绿色标注代表工时分布较为合适。

👥 参与人员：各板块负责人，机构运营负责人

🕐 所需时间：1 工作小时 / 月

　　一线社会组织另一重要的人力资源是志愿者。志愿者每月统计各自工作时间（如图 4.9 所示）。在明确机构战略目标、拆解相应的任务后，可以根据各机构自身特点，招揽志愿者协助机构发展。但在志愿者管理方面，若不及时记录志愿者已投入的时间，则难以发现志愿者是否适合该项工作。另外，统计工作时间也有助于评选优秀志愿者，增强志愿者的归属感。

　　志愿者工作时间统计，还能辅助机构对志愿者系统进行升级。对于已经在某项工作上有足够多的工作时间和工作经验的志愿者，在考虑其意愿的前提下，可以让志愿者尝试能力需求更高的工作内容。

👥 参与人员：志愿者负责人

🕐 所需时间：2 工作小时 / 月

志愿者6-9月工时统计

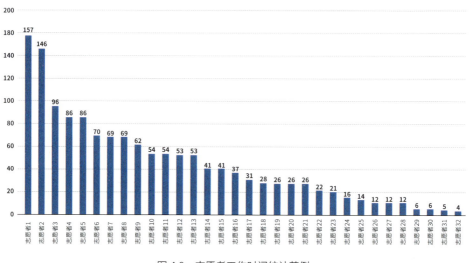

图4.9　志愿者工作时间统计范例

一年汇总：全年工作结束后，应从战略目标完成程度、预算是否超过预期设定、工作流程中量化的工时是否符合实际情况等方面进行总结反思。在汇总过程中，还可以快速梳理出每项业务的投入产出比。如果机构想扩大规模或因资金问题想缩减规模，能更有效地找到相关业务。除此之外，汇总后根据上一年的数据，可以适当优化下一年的预算和各业务板块量化目标（如图4.10所示）。

海洋守护者量化表（2020.1-2020.12）			填表人：板块负责人						
主要目标（次）			已完成（次）			与预算相距（次）			
个案跟进	两会提案	培训	个案跟进	两会提案	培训	个案跟进	两会提案	培训	
100	4	12	30	4	3	70	0	9	

							预算（元）	实支（元）	剩余（元）
							102860	55724.22	47135.78

量化内容	①单价（元/小时）	单次耗时（小时）	单次开支（元）	②数量（次）	全年预计耗时（小时）	全年预算开支（元）	③全年实际耗时（小时）	实际开支（元）	备注
个案跟进（志愿者）	0	8	0	100	800	0	700		
提案（志愿者）	0	10	0	9	90	0	95		
踩点（志愿者）	0	8	0	6	48	0	48		
培训（志愿者）	0	2	0	12	24	0	24		
个案跟进（全职）	50	2	100	100	200	10000	230	11500	
提案（全职）	50	12	600	4	48	2400	60	3000	
踩点（全职）	50	16	800	8	128	6400	128	6400	
培训（全职）	50	5	250	12	60	3000	72	3600	
踩点成本			3000	6		18000		1944.22	
合计	/	/	/	/		102860	978	55724.22	

图 4.10 机构工作量化表格范例

范例：

方框③：计算全年每项工作实际耗时，只需要汇总各全职人员每月工时统计相关工作时间即可，同时收集各板块目标量化数据的完成情况，便能快速汇总机构的目标完成百分比，并判断出每项工作资源投入是否与实际不符。通过复盘会，汇总偏差背后的原因，提出解决方案。

参与人员：各板块负责人，机构运营负责人

所需时间：8～16 工作小时/月

（二）量化管理常见问题和解决方法

1. 量化管理需要治理层和执行层做好怎样的准备？需哪些人员配合？

(1) 每个月，执行同事根据当月工作用时，填写资源投入表格；

(2) 负责统计的同事收集表格后将数据填入机构量化表中；

(3) 通过机构量化表，可以看到目标达成进度，并清晰知道接下来机构资源投入分配；

(4) 全职人员定期开会，校验进度，并共同确定新工作在量化表中的定义。

2. 量化管理的成效、对机构的帮助如何？

通过机构量化表，可以看到目标完成进度，并清晰知道接下来机构资源投入分配。以下是成效归类：

(1) 加强全职人员及志愿者归属感；

(2) 认识到资源在哪里，发现机构存在的问题；

(3) 众人朝着目标共同努力。

3. 量化管理会增加机构多大的运营成本？成本—成效比如何？

(1) 总目标设定预计需要 2～3 个工作日（所有同事）；

(2) 总目标量化预计需要 2～3 个工作日 / 同事；

(3) 拆分工作步骤预计需要 5～6 个工作日 / 同事；

(4) 形成表格预计需要 2～3 个工作日 / 同事；

(5) 每月统计工作时间预计需要 2 小时 / 同事；

(6) 汇总、目标核对和量化预计需要 1～2 个工作日 / 同事。

第一年系统建立，预计占用每位同事总工作时间的 8%；后续每年占用每位同事总工作时间的 2%。

4. 怎么评判产出质量？是否与薪酬、评价挂钩？

(1) 尽可能把业务 / 产品产出的内容模板化，按照模板的要点逐一对照审核；

(2) 与合作方在项目开始前确认产出目标，使产出可量化；

(3) 量化产出 / 成果与薪酬、个人评价的链接程度，取决于每个机构自身的薪酬制度。

5. 量化管理如何增强团队协作能力？

机构举行大活动通常需要多位全职人员合作，通过将总目标背后工作的拆解，将各项目业务设定好每个环节的时间节点，便能根据任务重要性和紧急性，提前沟通需要配合的时间。

第五章
一线社会组织案例

本章概述

通过阅读本手册的第一至第四章，您应该已经有了清晰的核心倡导议题、对应的行动计划、辅助的深度研究计划，以及定期评估目标成效的机制。然而公益工作有时候是孤独的，尤其是您的机构如果从未开展过政策倡导工作，即使通过本手册制定了翔实的工作计划，在开展之前您可能仍然会踌躇不定。

为此，本章邀请了8家一线社会组织亲笔分享他们在政策倡导方面的成功经验，希望您在阅读的过程中可以参考借鉴，以取得前行的信心和力量。其中包括：

- 案例一：广州摆脱塑缚环保咨询有限公司
- 案例二：天津滨海环保咨询服务中心（绿领环保）
- 案例三：行澈环保公益发展中心
- 案例四：芜湖市生态环境保护志愿者协会
- 案例五：青岛你我创益社会工作服务中心
- 案例六：长沙绿色潇湘环保科普中心
- 案例七：黑龙江省环境保护教育学会
- 案例八：天津市西青区零萌公益发展中心

公益工作是一个特殊的行业，无论关注的是什么议题，出发点都离不开对人和万物的关爱。政策倡导工作虽然强调的是科学、理性的分析，然而我们相信，法律是人与人、人与社会、人与大自然间最有效的契约，是维系不同的人和事之间最重要的工具。

希望我们分享的种种技巧，以及众多优秀前行者分享的案例，能够使您在推动政策倡导工作的公益之路上走得更安心、更远。

案例一：广州摆脱塑缚环保咨询有限公司

1. 机构基本资料

- 机构名称：广州摆脱塑缚环保咨询有限公司

- 全职／兼职人数：全职7人，兼职3人

- 核心志愿者人数：3人

- 成立年份：2018年

- 业务区域：全国

- 机构外部资源：深圳零废弃、零萌公益、自然之友、广州市社会科学院、宜居广州生态环境保护

- 机构目标：坚持环境正义和社会公平原则，推动政府、企业与公众共同采取环境友好的塑料生产、使用和回收处置方式，使人类和自然免受塑料污染的危害。

- 业务范围：在快消与零售行业中若干一次性塑料用品消耗强度高的领域，如快递和外卖领域，倡导一次性塑料用品减量，推动行业以更可持续的解决方案来改变用完即弃的生活方式和社会文化，摆脱过度依赖一次性塑料用品和包装所带来的环境与健康问题。

2. 政策倡导实践工作

广州摆脱塑缚环保咨询有限公司（下文简称"摆脱塑缚"）致力于通过企业倡导、公众宣传和政策建议，消除生活与环境中的塑料污染。2018年成立至今，该机构进行电商平台的塑料污染实践调研，形成了《快递企业包装绿色

化行动评价报告》《零售电商平台快递包装绿色化观察报告》《中国快递包装废弃物产生特征与管理现状研究报告》《快递包装绿色转型之快递企业包装减量及绿色循环行动评价 2021》等报告。同时与多个机构合作，多方行动，共同发出"积极行动，清除塑料污染"的联合倡议；基于调查结果，在相关政府部门的相关政策文件公开征集意见期间，以及 2019—2022 年全国两会期间与相关政协委员和人大代表合作，提交减少塑料污染的政策建议。

3. 有关政策倡导的成功经验 / 案例

(1) 初定政策倡导目标及推动原因

据统计，我国外卖年订单总量已从 2015 年的 17 亿单激增至 2020 年的 171.2 亿单。外卖包装物一般包括餐盒、餐具、外包装袋三部分。来自饿了么的调查报告显示，88% 的商户默认为每份外卖订单提供一次性餐具（提供一次性塑料刀、叉、勺至少一样）。一次性餐具的消耗成为摆脱塑缚重点关注的问题之一。

摆脱塑缚在和外卖平台的沟通与调研中发现，当地政策出台与否，对平台规则（"无需餐具"功能）具有较大影响，例如美团跟随地方政策，若当地政策要求"不得主动提供一次性塑料餐具"，用户在下单时必须选择是否需要餐具，若本地无相关政策，则靠消费者自觉选择。据此，摆脱塑缚希望通过政策建议，推动制定全国范围内"外卖平台不得主动提供一次性塑料餐具"的政策，促使"无需餐具"功能覆盖全国地区。

(2) 就政策倡导目标制定调研计划及咨询相关专家后作出的调整

以"一次性塑料餐具"为核心内容，从三个方面对政策现状进行调研梳理：

①国家各部委在塑料污染治理相关文件中所提及的，与一次性塑料餐具相关的治理目标与要求；

②明确"外卖领域不得主动提供一次性餐具"的地方性政策要求；

③未明确"外卖领域不得主动提供一次性餐具"的地方性政策。

同时，通过公开渠道搜集整理案例数据——餐具选择作为用户必选功能上线后对所在地区"无需餐具"订单数量的影响，作为政策建议的辅助依据之一。

(3) 完成调研计划后对相关政策的主要发现

①国家发展改革委、生态环境部《关于进一步加强塑料污染治理的意见》（发改环资〔2020〕80号）提出："到2025年，地级以上城市餐饮外卖领域不可降解一次性塑料餐具消耗强度下降30%。"

②地方性政策中，关于一次性餐具源头使用的治理要求在生活垃圾分类管理条例中体现。

③仅北京、深圳、珠海、成都等少数城市在生活垃圾分类管理条例中明确要求"外卖领域（餐饮配送服务）不得主动提供一次性餐具"。

④海南、天津等部分省市的生活垃圾管理条例仅要求"餐饮服务场所不得主动提供一次性餐具"，未对外卖领域（餐饮配送服务）提出要求。

(4) 具体的推动工作，包括与相关部门沟通的跟进要点、就两会提案与相关专业的代表及委员沟通的重点

摆脱塑缚先后与全国政协委员 / 人大代表沟通，递交了关于全国实行"外卖平台不得主动提供一次性塑料餐具"的两会提案 / 建议，重点内容包括：

①建议国家发改委牵头制定全国范围内"外卖平台不得主动提供一次性塑料餐具"的政策；

②确定到 2030 年塑料餐具减量目标，明确各省市的减量要求；

③将"外卖经营者不得主动提供一次性塑料餐具"要求纳入各地生活垃圾分类管理条例。

4. 值得参考的政策倡导实践技能

(1) 选择一个简单、具体、清晰的话题切入点。

(2) 保持对相关行业 / 领域的关注，了解动因与阻碍是问题分析的必需过程。

(3) 根据问题分析构建具有针对性的政策建议方向。

(4) 政策建议的基础是基于拟定的政策建议方向，对已有的政策条文进行系统梳理，从而识别可能的建议空间。

(5) 除了政策条文本身，行业 / 领域的问题和发展状况也是支持政策建议的重要信息和数据。

案例二：天津滨海环保咨询服务中心（绿领环保）

1. 机构基本资料

- 机构名称：天津滨海环保咨询服务中心（绿领环保）

- 全职／兼职人数：全职5人，兼职1人

- 成立年份：2010年

- 业务区域：海河流域（主要在河北省、天津市、山东省）

- 机构年营运资金量：100万元

- 机构外部资源：湖北环源律师事务所、通标标准技术服务（天津）有限公司、天津帧影帧画文化传媒有限公司专业摄影师、天津多多派文化传媒有限责任公司专业摄像师、亚洲清洁空气中心、北京环助律师事务所

- 机构目标：运用专业倡导模式，联合多元社会力量，遏制环境污染，改善海河流域的水和空气环境质量。

- 业务范围：组织开展生态环境保护的政策、法律、技术及知识普及的宣传活动；组织开展生态环境问题调查研究及宣传活动；引导社会公众依法参与监督环境问题；协助政府预防和治理生态环境破坏问题。

2. 政策倡导实践工作

绿领环保重点关注海河流域的生态环境问题，包括从国家部委到区县各级人民政府发布的法规政策，明确社会组织在政府主导的环境问题解决方案中的角色，针对关注的法规政策开展大量桌面和实地调研，结合社会舆论和行政力

量两种方式，形成公众、政府部门、媒体、律师、专家等多方参与的氛围，建立起与政府部门沟通反馈的渠道，促进县市形成因地制宜的环境治理长效机制，使政府主导的解决方案得到更好落实，充分发挥作为独立客观社会第三方的作用，既督促、激励政府部门严格落实解决方案，又将落实结果通过各渠道反馈给公众、媒体等多方。

3. 有关政策倡导的成功经验 / 案例

(1) 初定政策倡导目标及推动原因

目标：以黑臭水体为突破口，调研观察《农村人居环境整治三年行动方案》实施后，海河流域农村人居环境的真实情况。对于梳理发现的环境问题，进一步传播倡导，以达到以点带面的效果，促进各县市人民政府出台制定有针对性的长效管理机制，如坑塘个人承包制、完善农村垃圾清运体系等。

原因：海河流域面临严重的水资源危机。地下水严重超采，人口密度高，钢铁、化工等高耗水产业聚集，水污染严重等原因，使得海河流域成为我国主要流域中水质最差的流域。因此遏制水污染问题，包括促进大中型企业排污达标、促进"散乱污"等小规模企业整体整治、推动农村纳污坑塘与黑臭水体的治理等工作，将会对海河流域水环境和渤海近岸海域水质改善，起到一定的积极作用。

而农村黑臭水体问题，是目前农村环境的两大突出问题之一，治理难度较大。一方面是不同水体的黑臭原因多样，治理较为复杂；另一方面则涉及农村生产、生活方式及环境意识的转变，治理完成后容易反弹。

(2) 就政策倡导目标制定调研计划及咨询相关专家后作出的调整

调研计划：

①调研区域：第一期选择机构较为熟悉的河北省为目标区域，根据舆情线索筛选、环保新闻动态捕捉等桌面调研工作，拟定 5～6 个开展现场调研的目标县市。

②调研时间：北方冬季温度较低且时间较长，野外坑塘沟渠等水体容易结冰，因此冬季开展现场调研和回访难度较大，故将大量现场工作集中在 3—11 月完成，以提高效率。

(3) 完成调研计划后对相关政策的主要发现

①针对农村黑臭水体容易反弹的特性，部分县市需建立符合县情的长效管理机制。目前河北省大部分县市针对黑臭水体、纳污坑塘这样反复发生的环境问题，采取了全面排查和动态清零的措施，监管压力和成本都较高。如果探索出符合县情的长效管理机制，如坑塘承包制、渔光互补、建立线上管理平台等，将大大降低监管成本。

②需要将农村垃圾问题纳入相关法规政策中。很多农村黑臭水体是由固废垃圾被随意倾倒、焚烧后，经自然降水形成的。而解决固废垃圾问题的关键在于可持续的垃圾分类和收集转运体系，但目前河北省大部分农村都未针对农村垃圾问题开展垃圾分类工作。

③针对农村黑臭水体污染成因的复杂性，部分县市需加强污染溯源力

度。农村黑臭水体不单单是由生活污水和垃圾形成的，还是由企业偷排偷倒污水和工业固废造成的，对于这种由工业污染造成的黑臭水体，需要秉持"谁污染谁治理"的原则，溯源到污染者，让其承担相应责任，但目前污染溯源的重要性并未在黑臭水体相关政策中体现。

(4) 具体的推动工作，包括与相关政府部门沟通的跟进要点、就两会提案与相关专业的代表及委员沟通的重点

①完成对目标县市的现场调研工作后，梳理出了所有发现的环境问题，将较为严重的问题撰写成文，公开发布；或向上级提交举报信、行政履职申请书等文书。这些工作引起了上级部门、地方政府、公众的关注，为进一步对话建立了基础。

②积极促成了与目标县市的生态环境、农业农村、乡村振兴等责任部门1～2次面对面座谈，反馈了在现场调研过程中观察到的现象，提出合理疑问。同时当地责任部门也反馈了调查整治详情和遇到的问题，双方深度交换想法，建立起了初步信任后，顺利进入探讨如何建立长效管理机制、如何更好地落实区域性法规政策的阶段。

③与每一个目标县市建立了专门的沟通渠道——与绿领环保对接的微信工作群，群内既有起到统筹作用的领导，也有了解每一个环境问题调查详情的基层工作人员，通过线上的持续沟通跟进，及时获取到了每一个目标县市的环境整治进展。

④在目标县市基本完成全面排查整治工作后，通过现场回访核实了其

真实性，并将回访观察到的最新现场情况与目标县市探索建立的长效管理机制等措施撰写成文，公开发布，让关注该事件的公众了解污染问题的后续治理结果。

4. 值得参考的政策倡导实践技能

(1) 鉴于实地调研会遇到较多突发状况，因此实地调研时需要至少两人同行，并购买保险，还应避免夜间驾驶。这样既能保证工作人员的安全，又能提高调研效率。

(2) 多年来，绿领环保积累了大量与政府部门座谈的经验，座谈时建议至少两人参与，并全程录音，在沟通时互相帮衬弥补，以提高座谈效率。

(3) 法律文书往往能发挥更大的作用，因此建议掌握申请政府信息公开、撰写行政履职申请书和行政复议等法律文书的技能，在需要时可快速应用。

案例三：行澈环保公益发展中心

1. 机构基本资料

- 机构名称：行澈环保公益发展中心

- 全职／兼职人数：全职 3 人，兼职 1 人

- 核心志愿者人数：2 人左右

- 成立年份：2014 年成立，2016 年登记注册

- 业务区域：主要集中于湖北省境内

- 机构年营运资金量：10 万元左右

- 机构外部资源：中华环保联合会、中华环境保护基金会、亚洲清洁空气中心、北京环助律师事务所、湖北隆中律师事务所、北京中伦（武汉）律师事务所、武汉大学环境法律诊所、湖北广播电视台楚天交通广播等

- 机构目标：致力于公共环境利益，为生态环境保护作出突出贡献，成员扎根调研，以各类生态环境污染的治理作为重点，打造品牌效应。

- 业务范围：积极利用信息公开、法律诉讼等手段参与生态治理与保护；组织开展法律研讨活动，提升法律能力建设；积极参与公众环境保护

- 倡导工作：积极向政府建言献策，配合政府相关部门的治理工作。

2. 政策倡导实践工作

行澈环保公益发展中心（下文简称"行澈环保"）目前在政策倡导方面的核心业务之一是与沧浪绿道、南昌青赣等多家环保社会组织一起，针对磷化工行业的磷石膏污染问题，通过提起系列公益诉讼的方式开展行业政策研究，涉

及多家企业。目前，通过立案和提出诉讼请求，解决企业污染问题的治理，同时针对个案的背景分析，了解污染发生成因，进而通过建言献策，推动行业监管制度的完善。

3. 有关政策倡导的成功经验 / 案例

机构已经完成了对磷石膏渣场的现场调研，初步搜集证据，并已立案起诉。目前试图通过民事公益诉讼的方式要求磷化工企业对自己的行为承担法律责任，改善当地的生态环境现状，对已经发生的生态环境污染现状作出治理措施，通过环境修复和环境赔偿改善当地的生态环境，提高当地群众的生态环境保护意识，优化生态环境。另外，通过对相关案例的筛选可知，磷石膏固体废物堆放造成的污染是一个较为突出的问题，国家及湖北省一直重视该问题。污染产生的根本原因在于对固体废弃物的综合利用不足，污染防治措施不到位，从而导致污染问题的发生。而诉讼也是深入了解该类问题产生成因的一种渠道，在提起诉讼的过程中开展政策倡导，有助于通过实际案例推动地方对该行业问题的重视，并促进本地监管及治理政策的出台，加强对污染行为的打击力度，鼓励通过磷石膏综合利用的方式来削减磷石膏储量，从而解决磷石膏固体废物堆放对环境所造成的污染。

(1) 初定政策倡导目标及推动原因

行澈环保积极推进公益诉讼，通过磷化工系列诉讼案件，在持续的宣传和诉讼过程中，推动公众认识磷石膏渣场的环境问题，撰写意见稿向有关部门提出建议保障和重视企业的发展，逐步化解因企业能力不足产生的环保问题。针对磷石膏的综合利用程度低的根本问题，建议政府制定更多的扶持政策，提高企业自行综合利用磷石膏的能力，从根源上解决磷石膏固体废弃物的污染问题。

(2) 就政策倡导目标制定调研计划及咨询相关专家后作出的调整

行澈环保目前正与沧浪绿道、南昌青赣等多家环保组织一起持续推进环境公益诉讼案件。首先，磷化工行业磷石膏渣场污染案件在多方努力下已经予以立案；其次，针对系列案件的政府信息公开按照项目第二部分稳定进行；最后，在与专家学者的深度沟通和系统规划后，行澈环保的整体运行机制日趋完善，相关的政策倡导方案也不断精进。此外，该机构还与多方达成良好协作关系。

(3) 完成调研计划后对相关政策的主要发现

本项目主要针对的是对生态环境的政策制定的意见反馈并通过环境公益诉讼撬动环境问题治理。一方面，通过民事诉讼的方式要求磷化工企业对自己的行为承担法律责任，改变湖北当地磷石膏的生态环境污染现状，要求对已经发生的生态环境污染进行治理，通过环境修复和环境赔偿改善当地的生态环境，提高当地群众的生态环境保护意识，优化生态环境；另一方面，通过政策查询以及政策倡导等方式，探究磷石膏环境污染的根本原因，在提起诉讼的过程中加大政策倡导，期望政府对磷石膏综合利用给予足够的重视及政策倾斜，降低其带来的污染风险。

(4) 具体的推动工作，包括与相关部门跟进的要点、就两会提案与相关专业的代表及委员沟通的重点

行澈环保倡导召开了关于《尾矿污染环境防治管理规定》的专题研讨会，会上，尾矿企业家、律师和专家共同针对 39 条规定逐条开展讨论，主要围绕条文的内容定义是否准确、表述是否清晰、社会利益是否兼顾等多个层面进行分析和探讨。在法律根据、明确相关名词适用规定、尾矿污染防治需强化预防为主的原则、尾矿管理、尾矿库设施、尾矿库复垦、信息公开、监测、突发环境事故、政府部门管理之间的矛盾十个方面提出修改意见，最终将其呈报给上级政策制定机关。

4. 值得参考的政策倡导实践技能

(1) 重视实地调研，并注重与同类型环保社会组织的沟通和交流，善于利用社会资源。

(2) 重视理论研究，经常与专家学者保持积极的沟通和交流，在整个系统全面发展的过程中不断提升实践技能。

案例四：芜湖市生态环境保护志愿者协会

1. 机构基本资料

- 机构名称：芜湖市生态环境保护志愿者协会

- 全职／兼职人数：全职7人，兼职2人

- 全职核心志愿者人数：5人

- 成立年份：2009年

- 业务区域：马鞍山市、芜湖市、铜陵市、池州市、安庆市

- 机构年营运资金量：110万元左右

- 机构外部资源：安徽师范大学生态与环境学院、安徽大学法学院、北京市企业家环保基金会、自然之友、公众环境研究中心（IPE）、零废弃联盟

- 机构目标：促进全国垃圾焚烧厂清洁运行、安徽省地区环境问题解决和提高本地公众参与环境保护行动力。

- 业务范围：推动垃圾焚烧品牌承担更多责任，协助政府完善对垃圾焚烧行业的监管，促成公众科学看待垃圾焚烧，推动安徽省环境信息公开，推动皖江5市环境问题解决等。

2. 政策倡导实践工作

　　飞灰是指"垃圾焚烧飞灰"，是垃圾焚烧行业必然会产生的危废。芜湖市生态环境保护志愿者协会通过"自上而下"和"自下而上"相结合的工作路径促成飞灰规范化处置。具体包括向各地生态环境部门进行飞灰监管信息公开申

请，实地调研发现具体飞灰处置不规范的问题，整理分析"线上"和"线下"获得的相关信息，形成简报、报告、微信推文、两会提案、媒体报道等形式进行倡导。一方面，促成具体的污染问题得到解决；另一方面，推动飞灰监管政策的完善。

3. 有关政策倡导的成功经验 / 案例

(1) 初定政策倡导目标及推动原因

按照《生活垃圾填埋场污染控制标准》规定，飞灰可以螯合固化后进入生活垃圾填埋场填埋处置，我们国家绝大多数飞灰处置均采用这个方法。2016 年，项目团队在日常调研中发现飞灰违规处置的相关问题比较突出，涉及飞灰未进行袋装、厂区内飞灰贮存不合规、垃圾填埋场对入场飞灰未做好防护（扬尘和飞灰渗滤液问题）等。

基于此，项目团队按照省份进行飞灰处置情况调研工作，最初的倡导目标是直接解决具体污染问题。结合调研工作，项目团队按照省份，向各地生态环境部门邮寄关于飞灰监管信息的信息公开申请（包含该焚烧厂飞灰产生量、去处、检测报告、五联单四项信息）。主要诉求：一是获取飞灰去处信息，方便调研；二是希望据此判断地方生态环境部门对飞灰的监管情况。实际上在这个阶段，相关推动效果是不错的，诸多具体的污染问题得到解决。

(2) 就政策倡导目标制定调研计划及咨询相关专家后作出的调整

随着相关工作的推进，项目团队发现，飞灰处置不规范问题的根源是缺少明确的法律法规。政策上的缺失是飞灰处置乱象发生的根本原因，法律法规上的空白会造成管理和监督上的漏洞，而管理监督上的漏洞必然会引发飞灰处置的乱象。因此，从 2017 年开始，项目团队经过研判，将倡导目标锁定在倡导飞灰专项法规出台上。

(3) 完成调研计划后对相关政策的主要发现

《关于生活垃圾焚烧飞灰运输适用政策的复函》《生活垃圾焚烧污染控制标准》《生活垃圾填埋场污染控制标准》等文件中均对飞灰处置进行了规范。同时，由于其属于危废，《中华人民共和国固体废弃物污染环境防治法》《危险废物贮存污染控制标准》《国家危险废物名录》《危险废物转移联单管理办法》等法律法规都对其进行了规范。但是，综合分析发现，存在现有法律法规不完善、飞灰监管责任主体不明确、缺少监督性监测相关要求等问题。基层生态环境部门对飞灰处理的"过程性豁免"的误解，使得监管缺失。最终，导致飞灰处置乱象横生，普遍的垃圾焚烧厂飞灰超标填埋等问题不仅无法得到解决，反而愈演愈烈。

(4) 具体的推动工作，包括与相关部门跟进的要点、就两会提案与相关专业的代表及委员沟通的重点

通过伙伴机构联系上两会代表，在 2018 年全国两会期间，以两会提案的形式成功提交建议，同时，相关话题引发社会关注，澎湃新闻、财新网等媒体进行了专题报道。在这个过程中，芜湖市生态环境保护志愿者协会和委员经过多轮沟通讨论才确定提案内容。委员具有法学相关背景，看到项目团队翔实的调研信息，包括网上观察公开的信息、信息公开申请答复、实地调研信息和法律法规梳理，他们也很赞同项目团队总结的倡导焦点——飞灰专项法规缺失是根本原因。

提案提出后，2019 年《生活垃圾焚烧飞灰污染控制技术规范（征求意见稿）》出台，项目团队在北京举办专项研讨会，相关企业和专家参加，财新网进行报道。2020 年，《生活垃圾焚烧飞灰污染控制技术规范（试行）》正式发布和实施。

4. 值得参考的政策倡导实践技能

(1) 信息公开申请和实地调研相结合，可以更为全面地获取监管信息。

(2) 实地调研工作需要制定调研计划、观察表等，完善调研是政策倡导的基础。

(3) 法律法规及相关政策梳理是政策倡导的必要选项。

(4) 媒体报道在政策倡导过程中的促进作用很大。如果没有媒体报道，团队自身对相关议题的宣传也很重要。

案例五：青岛你我创益社会工作服务中心

1. 机构基本资料

- 机构名称：青岛你我创益社会工作服务中心

- 全职／兼职人数：3 人

- 核心志愿者人数：9 人

- 成立年份：2010 年

- 业务区域：青岛地区

- 机构年营运资金量：100 万～150 万元

- 机构外部资源：万科公益基金会、沃启公益基金会、北京合一绿基金会、青岛农业大学、零废弃联盟

- 机构目标：致力于推动社区居民共同行动，完善健康、环境、教育及文化方面的社区功能，培育社区内生力量，共建共享具有全人文关怀的可持续社区。

- 业务范围：为社会弱势群体提供身心健康、困难救助、权益保护及社会交往方面的社会工作专业服务；承接政府委托的社工服务项目；提供社会工作机构管理咨询；开展社会工作实践研究交流等各类公益活动；接受社会工作专业的学生实习。

2. 政策倡导实践工作

基于多样化社区厨余堆肥的实践基础，通过公众传播、多元对话、参访交流、政协提案等多种方式扩大了社区堆肥在公众和政府层面的影响力。2021 年

7月，青岛市城阳区生活垃圾分类工作领导小组办公室出台《城阳区2021年生活垃圾分类工作奖补办法》，将社区和校园厨余堆肥纳入垃圾分类资源化利用项目奖补范围。核心内容：对年度内初次建成并投入使用的生活垃圾处置项目，按处置规模进行奖补，每吨奖补5万元；项目运行后按照实际处理量进行奖补，厨余垃圾处理每吨奖补不超过200元。同时，建立城阳区社区厨余堆肥培训推广中心，为开展堆肥的社区和机构提供系统赋能支持。

3. 有关政策倡导的成功经验 / 案例

(1) 初定政策倡导目标

将厨余堆肥纳入正式的社区垃圾源头减量和资源循环利用方法；为社区培养专职或兼职社区堆肥师；给生活垃圾源头减量、就地资源化利用提供工作经费。

(2) 推动原因

社区厨余垃圾堆肥没有正式身份，得不到发展空间；以垃圾清运为目标导向的社区垃圾管理服务者缺乏适宜堆肥的设施和技术；社区堆肥的人力、物力成本高，缺乏持续投入的资金来源；《青岛市生活垃圾分类管理办法》第三条规定：实行生活垃圾分类投放、分类收集、分类运输、分类处置，推进生活垃圾源头减量和资源循环利用，实现生活垃圾减量化、资源化、无害化。

(3) 就政策倡导目标制定调研计划

对现有垃圾集中处理方式的硬件成本、运营成本、环境影响进行访谈和资料调研。通过数据对比佐证社区厨余堆肥的经济和环境价值，进而影响生活垃圾处置补贴政策。

与青岛市政协常委、青岛农业大学副校长原永兵教授沟通思路：厨余堆肥可以变废为肥回归土壤，农业系统也有农业有机废弃物循环利用政策。如果做到城乡废弃物资源化综合利用，把农村环境整治与土壤地力提升相结合，把城市厨余垃圾处理与美丽青岛建设相结合，这对促进农业节本增效和城乡绿色、生态、可持续发展具有重要意义。提出调研各部门碎片化、零散的扶持政策，将秸秆、尾菜、旱改厕粪污、畜禽粪便、农村垃圾收储运补贴、垃圾减量化政策统一整合为一个综合政策，从出口上拉动城乡有机废弃物处置。

(4) 完成调研计划后对相关政策的主要发现

青岛市生活垃圾集中处理方式是焚烧。部分小型处理设备的硬件投资为40万～45万元／吨；收运成本缺乏完整性统计，在300～500元／吨；管理得当的社区厨余堆肥的设施硬件投资在5万元／吨。就地堆肥无需运输，降低了运送过程中的环境污染风险，堆肥减量的同时产生的有机质可以百分之百还给土地，整个过程对环境友好。

(5) 具体的推动工作，包括与相关部门沟通跟进的要点、就两会提案与相关专业的代表及委员沟通的重点

①继续深入城市社区厨余堆肥实践，追踪数据和各方参与的故事，用事实证明城市厨余堆肥可行性和社会参与、公众教育价值，用事实与垃圾分类管理部门说话。

②由青岛市政协常委、青岛农业大学副校长原永兵教授搭桥，进一步与青岛市农委研究堆肥的首席科学家和专门研究有机废弃物资源化处置和培肥土壤循环利用的专家建立联系，到社区厨余堆肥现场考察，相互启发，彼此支持。

③推动跨界协作，确定议案主题。议案题目：关于建立城乡废弃物综合利用补偿机制推进美丽青岛建设议案。主送：农业农村局会同市生态环境局、市住房和城乡建设局、市城市管理局。议案内容拓展为：城乡废弃物资源化利用。提案内容涵盖社区厨余堆肥，同时符合国家的多项政策。

④议案涵盖与社区厨余堆肥相关的具体内容：为每个社区培养一名专职或兼职社区堆肥师，指导厨余垃圾在社区的资源化利用，实行就近有效处置，即把能在小区处理的垃圾就在小区处理，不额外运输，不焚烧填埋，堆肥设施成本低廉，操作容易。

⑤将现行侧重于垃圾运输与垃圾集中处理的经费结构，调整为与《青岛市生活垃圾分类管理办法》描述一致的保障生活垃圾源头减量和资源循环利用的经费结构，增加生活垃圾源头减量、就地资源化利用的工作经费比例。

⑥该议案于2020年5月14日提交。其间持续的厨余堆肥实践和倡导不间断。2021年7月，青岛市城阳区生活垃圾分类工作领导小组办公室出台《城阳区2021年生活垃圾分类工作奖补办法》，将社区和校园厨余堆肥纳入垃圾分类资源化利用项目奖补范围。同时，

建立城阳区社区厨余堆肥培训推广中心，为开展堆肥的社区和机构
提供系统赋能支持。

4. 值得参考的政策倡导实践技能

实践倡导和提案倡导并行，带来政策的改变。

案例六：长沙绿色潇湘环保科普中心

1. 机构基本资料

- 机构名称：长沙绿色潇湘环保科普中心

- 全职／兼职人数：全职 7 人，兼职 7 人

- 志愿者人数：600 人

- 成立年份：2007 年

- 业务区域：湖南省为主

- 机构年营运资金量：200 万元

- 机构外部资源：共青团湖南省委、湖南省生态环境厅、湖南省水利厅、湖南省人民检察院、湖南大学、中南大学、中南林业科技大学、湖南省水资源研究和利用合作中心、湖南湘军麓和律师事务所、北京守望者环保基金会、广州绿网环境保护服务中心、公众环境研究中心、阿里巴巴公益基金会、SEE 基金会、亚洲清洁空气中心、云南省绿色环境发展基金会、中华环境保护基金会、中华环保联合会等。

- 机构目标：使命是致力于湖南省生态环境保护，提倡可持续的生活方式。愿景是为更美好湖南。

- 业务范围：聚焦于以水源地为核心的河流保护议题，探索在地守护的环保模式，联合公众、社会组织、企业与政府的力量，打造河流守望者网络、安全水源计划、使命共同体、绿行周末、绿行家等公益项目，为解决环境问题提供一份湖南样本。

2. 政策倡导实践工作

长沙绿色潇湘环保科普中心（下文简称"绿色潇湘"）创建环境政策研究中心，通过行动研究促进多方参与和政策对话，提出政策建议并开展倡导活动。跟踪国内有关水生态环境保护、饮用水水源安全等领域的有关法律制度和政策动态，持续关注国家水资源保护政策的出台和饮用水水源有关法律法规的实施情况。强化政策研究和倡导，与各级政府部门紧密沟通，通过政策对话、提案等形式将行动研究成果转化为政策依据，尽最大努力推动政策的制定与执行。从 2014 年至今，已累计向国家、省、市各级政府递交了超过 200 份政策建议报告，12 份全国 / 省级两会提案。

3. 有关政策倡导的成功经验 / 案例

(1) 初定政策倡导目标及推动原因

①将长沙市古井保护主题作为机构 2022 年递交两会提案的目标，在 2021 年 7 月制定桌面和实地调研计划，梳理有关"城市古井保护"议题下的法律法规和地方政府制度规划等，希望从上层法规与地方性规章制度中为长沙古井保护找到法律依据，并结合实际调研情况为现实依据，以利于后期形成古井保护的政策倡导建议、成功递交提案。

②原因：在集中供水体系建立之前，水井（泉）一直是城市重要的饮用水水源，如长沙市的白沙古井。同时，井还是重要的水文化载体。随着城镇化进程的不断加快和旧城改造的推进，有些见证当地历史

变迁的古井随之消失，水井（泉）被损坏、被填埋、被弃用的情况较为突出。为让城市留住记忆，有必要加强城市古井的保护。不仅要采取措施保障公众饮水安全，确保水井（泉）水质健康无污染、取水人放心喝上干净水，更要使其承载的传统水文化在社会主义文化建设中的作用得到充分发挥。

(2) 就政策倡导目标制定调研计划

① 2021 年 2 月项目启动：

绿色潇湘组建守护长沙泉井饮水安全项目小组，2021 年 3 月项目小组开始进行桌面调研，以长沙城区现存的十几口在用泉井为样本，对长沙城区泉井的具体数量、分布情况等基本信息进行摸查。

② 2021 年 7—8 月深度调研：

基于桌面调研获得的已有泉井信息，绿色潇湘项目小组组织志愿者对部分泉井进行为期一个月的问卷调研和实地访谈。

③ 2021 年 8—9 月调研资料整理、咨询专家：

绿色潇湘项目小组对调研资料进行整理并咨询相关专家。

④ 2021 年 9—10 月补充回访调研：

根据专家的相关咨询意见，绿色潇湘项目小组补充回访调研。在该阶段，根据提案方向对前期设计的访谈问卷进行修改完善，重点突出两点：一是"古井水质"这一访谈指标，以了解居民对古井水质和饮水安全保障的诉求、地方当局对古井水质的监测情况等；二是"古井文化"指标，对取水群众进行深入访谈，探究其对古井寄托的情感，发掘古井承载的思想观念、人文精神、道德规范及时代价值等文化因素。

(3) 完成调研计划后对相关政策的主要发现

2021 年 10 月，绿色潇湘项目小组对长沙城区泉井的调研工作顺利结束。结合桌面调研和实地调研情况，绿色潇湘项目小组发现古井在法律规范层面并不具备"饮用水水源保护区""地下水型饮用水源"的法律地位，各单位也没有把古井作为饮用水水源进行管理。井水属于地下水资源。在市政集中供水的情况下，部分居民基于某些原因依然热衷取井水作为饮用水。从防治地下水污染、保障饮水安全角度，为确保居民饮水安全，对目前仍在取水的城市古井，宜倡导政府部门对井水参照饮用水水源地的有关规定做定期水质监测并公示，防治井水污染、确保井水符合饮用水质量标准。

另外，我们认为古井"具有特殊经济文化价值的水体"性质，从水文化保护传承的角度为古井保护提出建议是适当而必要的。要将古井保护纳入城市文化保护的范畴，比如白沙古井被列入《长沙市历史文化名城保护条例》所调整的"不可移动文物"范畴，其历史文化价值得到政策保护。这启发我们应在加强古井文化的发掘、利用和传播上多思考、多提建议。

(4) 具体的推动工作，包括与相关部门跟进的要点、就两会提案与相关专业的代表及委员沟通的重点

根据两次的咨询建议和调研内容，绿色潇湘最终形成了"关于加强长沙古井保护的建议"提案，通过调研长沙古井现状，梳理了长沙古井保护现存的三个主要问题，分别是：

①古井数量减少严重，古井外形维护有待提升；

②古井水质堪忧；

③古井承载的水文化没有得到充分彰显。

针对上述三个问题，提出了加强古井保护的具体建议：

①建立城市古井名录或对其进行数据库管理；

②加强古井文化的发掘、利用、传播；

③加强对古井水质的监测。

4. 值得参考的政策倡导实践技能

(1) 在开展调研和撰写调研报告的同时，建议同步寻找适合递交提案的渠道，提前获得有关人大代表／政协委员（如合作高校的学者，通常会兼任人大代表或政协委员）对拟提交议案的支持，并询问有关提案修改建议，以确保届时该提案有顺畅的递交渠道。

(2) 机构经过多年发展，有扎实的科研及调研成果，有内外部丰富的政策倡导资料信息做参考、一定的政策倡导经验积累及实践尝试作支撑。另外，选取"城市古井"这一事物作为政策倡导对象，发挥了以小见大的效果，既关切到居民饮水安全保障意义，又因古井是水文化载体而关切到城市文化保护意义。议题相对新颖，能够引起公众兴趣和共鸣。

(3) 机构有数量庞大的志愿者群体，具备丰富的人力资源来开展一线实地调研，能具体了解相关实际情况，且志愿者从群众中来到群众中去，更了解群众心声，不管是问卷调研还是居民访谈工作，都能够顺利推进，从而获得大量一手调研资料，作为议案提出的论据。

(4) 根据调研计划以及机构的核心业务，选题向"加强长沙古井保护"这一和居民生活息息相关的方向靠拢，使得政策倡导与公众参与紧密结合。不仅契合机构发展的理念初心，还能够令后期推动议案跟进事半功倍，且成效能反哺机构的核心业务。

案例七：黑龙江省环境保护教育学会

1. 机构基本资料

- 机构名称：黑龙江省环境保护教育学会

- 全职／兼职人数：全职 4 人，兼职 2 人

- 核心志愿者人数：50 人

- 成立年份：2015 年

- 业务区域：黑龙江省、吉林省

- 机构年营运资金量：60 万元

- 机构外部资源：昆山杜克大学环境研究中心、中国水产科学研究院黑龙江水产研究所、东北林业大学野生动物与自然保护地学院、太平洋三文鱼基金会、质兰基金会、黑龙江省永续自然资源保护公益基金会、北京企业家环保基金会

- 机构目标：河流充满生机，可持续发展。

- 业务范围：利用多种手段保护与恢复黑龙江、绥芬河流域的大马哈鱼种群，并希望以伞护种、指示物种大马哈鱼保护为切入点，引起社会对河流生态系统的关注，通过多方合作让河流充满生机。

- 主要工作方向：增殖放流技术提升、保护政策宣传倡导、公益型保护地—产卵场在地保护。

2. 政策倡导实践工作

机构多年来一直关注水生生物保护、流域保护相关国内外政策法规，通过

行动研究促进多方参与和政策对话，提出政策建议并开展倡导活动。曾与中国海洋大学、昆山杜克大学环境研究中心共同针对国内外渔业法规政策进行研究探讨，持续关注渔业保护、河流保护、生物多样性保护等政策动态。通过政策研究、政策倡导的方式，加强与政府部门的沟通合作，综合考虑政策理论内容与保护实地工作，共同推进水生生态保护工作。

3. 有关政策倡导的成功经验 / 案例

(1) 初定政策倡导目标及推动原因

目标：在项目执行中，对大马哈鱼产卵场的威胁因子、资源量和利益相关方进行了调查分析，找到资源威胁的根本性因素。根据前期实地调研，定位东北地区渔业执法工作存在的制度痛点及空白，希望通过法规的确立保障渔业执法工作的有效性。

推动原因：在大马哈鱼洄游繁育期，非法捕鱼人员较多，执法力度不够，严重影响野外自然种群繁育和人工增殖放流的亲本采集。因而在洄游期推动禁渔执法及相关政策制定落地，是大马哈鱼种群保种的重要手段。

(2) 就政策倡导目标制定调研计划

①在国务院颁布相关法规细则后，各个省份相应推出对应该实施细则的实施办法，东北地区部分省份颁布了相应的地方法规，黑龙江省还未有相应法规出台，这部分仍处于空白阶段。

②搜集相关数据、资料，了解该提案中涉及的科学数据，以及收集国内外相关案例。

③实地调研，对该现象所涉及的所有利益相关方进行走访，了解不同利益相关方在同一问题上面临的困境，以及对相关政策法规的看法。

(3) 咨询相关专家后作出的调整

①需要补充描述本次议案在生物多样性保护、生态系统平衡上有哪些较为重大的意义，上升提案高度。

②提案中部分重点问题需要用可量化的方式呈现。

(4) 完成调研计划后对相关政策的主要发现

①关键问题缺乏准确数据支撑，例如针对禁渔期非法捕鱼举报具体案件数量、职能部门针对举报情况调查的情况、非法捕鱼案件的情况等。渔政部门目前在针对非法捕鱼举报问题上暂时只能接受电话举报的方式，公众举报后也暂时没有统一的渠道进行后期的回访。关于禁渔期的非法捕鱼案件，公众目前也未有公开的渠道进行了解，导致关键问题不能准确地进行量化。当不能从官方途径找到准确的数据信息时，如何用其他方式，例如禁渔期的实地调查、针对河流两岸居民的入户调查等大量田野调查的方式梳理出关键的数据及问题，突出关键性问题是需要重点考量的。

②在撰写提案时，可以与已经有相关成功案例的环保组织进行沟通，获取宝贵经验。同时建议了解邻近省份或地域的环保组织针对该政策已开展的行动，联合当地的环保组织基于共同产生的问题进行联合提案，扩大影响面。

(5) 具体的推动工作，包括与相关部门跟进的要点、就两会提案与相关专业的代表及委员沟通的重点

①在提案初稿出来后，可以先提交给关系较为熟稔的政府部门基层官员，其作为同龄人或凭借职位优势，会为机构的提案提供一些实质性建议，便于更好地打动相关的代表及委员。

②向代表或委员提交提案的同时，应附加一些关于本提案相关的材料。提案文字有限，代表或委员对该提案的背景可能缺乏一定的了解，所以前期在与代表或委员保持紧密沟通时，需让其充分了解该提案的内容及重点。

③后续与相关部门跟进时，要及时询问了解提案进展，是否需要相关数据及材料的支持。及时跟进，以防后续提案进展不畅或较为缓慢。

4. 值得参考的政策倡导实践技能

(1) 机构将政策倡导作为核心项目手段之一，一直以来坚持从不同维度参与政策倡导工作，在反复的尝试中不断获取经验、取得进步，夯实政策倡导实践的基本功。

(2) 前期调研很重要，不仅要实地了解议题实际存在的问题及现状，同样需要收集大量数据支撑该议题，让议题的紧迫性更加显著。

(3) 政策倡导的议题尽量围绕机构的核心项目 / 业务做好调研计划，只有在准备充分且有相关业务经验的前提下，提案才有可能被采纳，同时工作目标也会得到回应。

案例八：天津市西青区零萌公益发展中心

✦ 1. 机构基本资料

- 机构名称：天津市西青区零萌公益发展中心 [①]

- 全职／兼职人数 [②]：全职 6 人，兼职 2 人

- 成立年份：2020 年

- 业务区域：全国

- 机构年营运资金量：60 万元 [③]

- 机构外部资源：全国 100 多家从事零废弃相关业务的环保机构（其中核心伙伴 20 多家）、约 20 位学者、10 多家伙伴的全国和地方两会代表／委员渠道

- 机构目标：通过发展联盟网络与合作社群，促进多方对话、开展政策倡导、催生和放大有效解决方案，持续关注并参与回应中国垃圾管理的关键问题，推进多元共治，助力垃圾治理现代化。

- 业务范围：政策倡导：通过研究、调研、倡导方面的联合行动，以报告、专题研讨、政策建议、两会提案等方式，推动政策优化。

    催生和放大解决方案：通过组织研讨和资助催生，推动对前瞻性问题

---

① 天津市西青区零萌公益发展中心于 2020 年正式注册，负责运营零废弃联盟发展项目，该项目是由多家社会组织于 2011 年联合发起的合作与交流网络，致力于促进政府、企业、学术机构及社会组织等各界在垃圾治理过程中的沟通与合作，推动中国垃圾管理和低碳经济的正向发展。

② 以有定期受薪为准。

③ 对天津市西青区零萌公益发展中心这一机构而言；但以"零废弃联盟发展项目"运营团队来说，是 300 万元。

解决方案的探索；通过发掘、资助、案例撰写，加速解决方案成型和落地；通过产品化、咨询服务、渠道推广、培训参访、网络社群放大解决方案价值。

零废弃论坛：通过年度论坛、季度研讨会、《零废弃观察》、线上线下沙龙，为政府、企业、专家学者、社会组织、媒体公众搭建一个共商垃圾治理的对话平台。

2. 政策倡导实践工作

关注和跟进国家和地方垃圾议题法律法规规划政策动态，通过桌面研究、申请信息公开、现状调研、采写优秀实践案例、行动研究等方式，了解垃圾分类、限塑、焚烧等垃圾相关议题的现状、症结，发现和总结有效应对方案；并通过组织研讨、报告发布、两会提案，以及在相关法律政策征求意见时提出建议等方式，将调研成果转化为政策建议，产生影响力，推动政策优化。

3. 有关政策倡导的成功经验 / 案例

(1) 初定政策倡导目标及推动原因

初定政策倡导目标：推动全国、地方垃圾分类相关法律法规（"固废法"、地方生活垃圾管理条例等）完善并建立长效机制，如将垃圾分类规定为居民义务，实行不分类不收运、聚焦实效的考评机制、计量收费、台账制度等。

推动原因：我国的垃圾分类从 2000 年在 8 个城市试点开始，已经有 20 余年历史，但不少地方"雷声大雨点小"。2017 年，国务院办公厅转发国家发改委、住建部《生活垃圾分类制度实施方案》，标志着垃圾分类即将进入强制分类时期，各地纷纷出台地方"实施方案"，并且国家层面"固废法"和地方层面生活垃圾管理条例都纷纷修订或新出台。从2011年起，天津市西青区零萌公益发展中心（下文简称"零萌公益"）伙伴就在一些地方开展垃圾分类落地实践，取得了一定成果；2017年起，一些不同层级的行政区域（从社区或村到街镇、城区、城市）也涌现出优秀案例，上海、厦门甚至实现了城市级成功案例。这些成功经验应该在更高层面、更大范围内推行，这就需要总结和政策倡导。

(2) 就政策倡导目标制定调研计划

在北京、深圳、成都、福州、宜昌5个城市，访谈地方环卫部门、街道、居委会、物业、垃圾分类公司等相关主体，完成城市调研报告（另在北京开展小区现状问卷调研），之后比较这些城市在政策、效果方面的差别，在城市间对比中发现问题。

(3) 咨询相关专家后作出的调整

在有限的经费和人员条件下，要对一个城市的现状做整体上的了解，并且进行城市间的比对存在一定困难。尤其是效果方面，很难得出具有代表性的结论。因此，改为寻找各地具有代表性的优秀案例（社区或村、街镇、城区、城市），提取这些案例中的关键措施，作为后续政策倡导的方向。基于这个计划的改变，我们联系了在城市范围内取得成功的上海和厦门的伙伴，采集了他们的案例作为研究对象。

(4) 完成调研计划后对相关政策的主要发现

有一些社区级案例中的发现不是政策方面的，而是为了推动个案而采取的措施：

上海：

①在党建引领下开展撤桶并点，既鼓励小区自主协商，又有坚守居民分类义务底线，注重发挥社会组织的作用；

②通过对社区的考评，把居民正确分类投放比例和分类桶内垃圾纯净度作为最重要指标，为街道、居委会、物业、业委会等重要主体提供持续激励，并指引其聚焦分类实效；

③建立小区分类垃圾量台账制度，精确掌握分类数据；

④对小区与环卫对接的环节，要求清运单位对分类垃圾纯度不达标且不整改的坚决拒收，并由城管配合执法，倒逼小区和单位"不敢混""不能混"。

厦门（厦门市侧重于对垃圾分类考评体系的研究）：

①注重居民知晓率、参与率、投放准确率等效果指标，明确这些指标的定义和检查流程；

②以社区为考核对象，充分调动居委会积极性；

③第三方在执行过程中不仅打分，还注重找到症结并及时、高频地向考核对象、主管部门反馈，及时解决问题；

④垃圾分类考评结果通过地方主流媒体向全社会公示，并作为单位和个人创文、评优、评先的重要依据，对考评对象起到了很强的激励

和督促作用。

(5) 具体的推动工作，包括与相关部门沟通跟进的要点、就两会提案与相关专业的代表及委员沟通的重点

在 2019—2020 年间，注重跟进"固废法"的修订，2019 年 8 月、2020 年 1 月，在全国人大就"固废法"修订公开征集意见期间，零萌公益根据案例调研中了解到的优秀经验，两次提出意见（包括总体意见和逐条意见）。2020 年全国两会，通过万科公益基金会联系的全国政协委员，提交了《关于系统推进全国 46 个重点城市社区垃圾分类工作的建议》；2021 年全国两会，提交了《关于根据中央最新精神、落实垃圾分类长效机制的建议》。发布《垃圾分类新时尚案例系列》，并将案例集和相关政策建议在零萌公益伙伴中广泛分享，通过零废弃论坛等方式扩大案例影响力，通过北京、天津、福州、合肥、青岛等城市的伙伴，影响当地垃圾分类相关政策的制定。

4. 值得参考的政策倡导实践技能

(1) "调研—报告发布—政策建议"的模式起到一定作用。例如，《垃圾分类新时尚案例系列》通过合肥伙伴影响了地方垃圾分类规范的制定，关于"居民户分类精细化台账"的建议在 2022 年北京市垃圾分类考评标准中体现为"薄弱清单"等。

(2) 前期独立调研给伙伴创造了进入第三方监督体系的机会。例如，2020 年发布在吉林省长春市、河南省南乐县关于可降解塑料调研后，零萌公益成为海南省环境厅考评各市县的第三方。

附录一 CECA 的政策倡导成效

CECA 通过定期查阅政府有关国土空间规划和环境影响评价的公示，对比海洋及海岸开发的工程规划与国家环保政策的相符性，及时与政府部门沟通，提出工程规划的优化建议，推动公众参与前期干预，保护海洋及海岸的生态环境和生物多样性。

在 2020—2022 年的战略定位是作为聚焦中国沿海跨界联动倡导生态政策的民间智库，具体工作模块包括守潮人、海洋规划数据库和海晏空间。其中，守潮人的板块与政策倡导息息相关：通过定期搜索政府公示滨海规划、环评及法规公示，运用专业知识分析项目的不足，并形成初步的研究报告。若通过初步研究报告发现项目对周边生态环境影响严重，则将致信或致电到相关部门进行沟通，并持续跟进。

工作目的是制止或改良对生态环境产生严重影响的项目的落地。由于持续跟进和定期搜索，CECA 能通过对跟进过的个案的整理，对相关法律法规漏洞进行研究，并通过提案方式促使政府优化政策。

现已取得的成效包括：截至 2022 年 12 月，CECA 累计研究 546 个规划 / 项目个案是否合规、对生态环境是否造成影响。在这些个案中有 365 个个案存在问题或漏洞，需向开发企业及相关部门寄出意见信进行问题反映。通过这种方式，CECA 最终直接制止或改良项目 / 规划的个案达到 122 个。此外，CECA 通过实地踏勘监督环保措施的落实，编印了例如《环评公众监督绿皮书》、《深圳基本生态控制线调研年度报告》（2015—2020 年，每年一版）、《全国生态保护红线占用情况》等深度调研报告。

基于以上的研究报告和个案总结，CECA 还向政协委员及人大代表提交两会议案／提案 27 份，其中国家级议案／提案 9 份，例如《关于海洋生态环保职能移交的提案建议》《关于完善生态保护红线立法工作和管理制度的建议》《关于国土空间规划新形势下促进完善〈规划环境影响评价条例〉的建议》等；省级议案／提案 2 份，包括《关于加强大湾区协同发展，加强大型基建的总体规划，避免重复建设引起各城市不良竞争的提案》和《关于重视和加强梁子湖湿地自然保护区生态保护管理的建议》；市级议案／提案 4 份，包括《关于建议限缩深圳市基本生态控制线允许调整占用的项目范畴的代表议案》《关于反对规划建设"深珠通道"的提案》等。

CECA 公示跟进已取得的成效也较为可观。截至 2021 年 12 月，与开发企业及相关部门积极沟通并提出专业意见后，累计保护效果通过量化后如下：

(1) 保留或提升保护水平非保护区红树林 4632.8 公顷，相当于 6394 个足球场；

(2) 保留自然保护区 9396.96 公顷，相当于 66 个广州白云机场；

(3) 减少填海面积 5864 公顷，相当于 42 个白云机场；

(4) 保留自然岸线 1.49 千米，相当于标准操场 4 圈；

(5) 避免线性工程穿越自然保护区／红线区 39 千米，相当于标准操场 98 圈。

附录二 意见信撰写技巧

部门致信是政策倡导的重要途径，通过书面方式将诉求向政府部门递交，与部门直接沟通，成效非常高。这是由于将复杂的问题和诉求通过文字和图片清晰表达，可以避免口头沟通的误会。因此撰写一封有理有据并且条理清晰的意见信，对于达到诉求的目的来说是非常重要的。

我国有许多法律法规都要求行政机关在制定行政法规、规章以及作出行政审批的过程中需征求公众意见。如《中华人民共和国城乡规划法》《中华人民共和国环境影响评价法》《行政法规制定程序条例》《规章制定程序条例》等。因此，如果公众或社会组织希望对所关注的议题进行倡议，可以通过关注议题对应职能部门的网站选取适合的公示致信部门。比如，某社会组织关注厦门市中华白海豚的生境，那么可以关注厦门市、福建省和国家三个层级的生态环境部门的环评审批公示，了解涉及厦门海域的项目有没有影响中华白海豚的栖息环境。

（一）意见信撰写注意事项

为了能清晰地阐述问题和表达诉求，意见信的撰写需注意以下事项：

1. 标题尽可能清晰且详细地表达主要诉求

意见信标题应开宗明义，直接点明主要问题。如：关于某旅游公路占用红树林湿地的生态建议信。

2. 信的内容要与政府部门的职能匹配，且要多次写出提醒部门

在我们致信部门前，应首先明确我们提出的问题和诉求是否在部门的职责范围内。如果能在意见信中写明与部门的哪些职能相关，那么可以让部门对我们的问题和诉求作出快速的跟进与反馈。

3. 将问题和诉求分开列点提出

一个个案可能存在多个问题，且问题之间有轻重缓急之分。因此在写意见信的时候，建议把问题归类梳理清楚，并列点阐述。按问题的重要和急迫程度依次排序。提出的诉求则列点逐个对应回应问题。这样做可以让部门里跟进信件的工作人员一目了然，并且可以在随后电话沟通信件内容时明确所指的问题或诉求的位置。

4. 将信息来源列清楚，并尽可能多用数据和法律法规来表达意见

引用数据和法律法规来表达意见，可以更客观地阐述问题事实，避免过于主观的表达。引用的数据及法律法规需有来源和列明条文内容，给部门决策提供相应依据。

根据工作经验，我们把意见信撰写的格式称为"五段论"：

第一部分（通常一段）：礼貌提醒部门的职责和功能。

第二部分（通常一段）：说明问题缘由，且此问题职责上归该部门管。

第三部分（通常按问题数量分段描述）：问题清单／研究内容。

第四部分（通常以编号分点说明）：机构的建议／诉求。

第五部分：再次提醒部门的职责、总结升华。

（二）案例介绍

2019 年，某红树林省级自然保护区欲调出 3424.5 亩红树林。CECA 通过一封意见信与部门进行沟通，最终保留下 1861.5 亩红树林自然保护区。以下以该意见信作为案例（如图 6.1、图 6.2 所示），对意见信的要点进行介绍。

1. 标题与致信对象

清晰点出致信目的，主要是为了该地红树林省级自然保护区范围调整一事而来的。并准确写上致信对象部门。如果是基于部门公示致信的，一般致信对象为公示所属部门。

2. 简单自我介绍

在意见信开头进行简单自我介绍，清楚告知部门你的身份是志愿者 / 社会组织。

3. 提醒部门的职能与意见信内容有关

通常我们会称赞部门在某项职能工作方面做得很好，实际是为了提醒部门这个意见信的内容与此相关并希望部门能遵照。在案例中，我们提出当地生态环境厅负有监管自然保护地的职责，这与自然保护区调整是相关的。

4. 清楚表达发现个案来源

通常在第二段，我们会讲清楚致信的缘由。如果是属于部门的征求意见公示，缘由会包括"时间和公示名称"，例如案例中的"我们留意到贵厅于 7 月 15 日发布了 ×× 红树林省级自然保护区调整方案的公示"。

关于 ××红树林省级自然保护区范围调整[1] 的建议书

尊敬的 ××省生态环境厅自然生态保护处领导：

　　您好！我们是（机构名字），是一家珠三角本地的、非营利、环保类社会组织，专注于学习和研究生态保护议题[2]。××省的生态自然保护在各位领导的带领下，以习近平新时代中国特色社会主义思想为指导，贯彻落实党的十九大报告提出的一系列新思想、新目标、新要求和新部署，监管自然保护地保护工作，保护××省生物多样性[3]，本人表示由衷的敬佩。

　　近日我们留意到贵厅网站在 7月15日发布了××红树林省级自然保护区调整方案的公示[4]。经了解，保护区有红树植物 11 科 16 种，占全国红树种类的 43.2%，其中珍稀红树林植物有爵床科的老鼠簕，濒危树种有红树科的木榄和红海榄；动物共 491 种，其中含中澳、中日保护候鸟及其栖息环境协定的 保护鸟类共33种[5]。我们担心若保护区进行调整，各濒危红树及重要候鸟栖息地的生态功能和完整性将会受到严重影响，特向贵厅反映。以下为具体内容：

　　一、××片区保护区调出将导致红树林生境板块破碎化[6]。

　　根据调整方案，××片区将调出124.21公顷红树林。通过卫星图看到，调出区域红树林长势良好（图1），与对岸的红树连片生长，联合××片区其他红树发挥协同的生态效应，不仅能净化水质、调节气候，还为 33 种受保护候鸟提供重要栖息地。若将这超 100 公顷的红树林调出保护区，一定导致保护区的红树林生境板块破碎化，严重影响保护区内珍稀物种种群健康生长。

　　二、调出保护区或让围垦养殖侵占红树林[6]。

　　此外，根据由××市林业局研究员发表的学术论文《谈××红树林保护区的湿地生态保护》[1] [7]，保护区"周边挖塘养殖现象增加，海水养殖等渔业生产与红树林发展争夺矛盾突出"。根据卫星图，调出范围周边确有大面积的挖塘养殖区域，我们担忧，调出后该片红树林势必会被围垦养殖，届时这过百公顷的红树林恐将不复存在，更会严重影响保护区内重要动植物栖息地。

1. 标题写清楚提意见的对象（一般情况为项目的审批部门），为了×××而提建议/意见。

2. 简单的自我介绍。

3. 提醒部门的相关职能。

4. 清楚表达发现个案的来源。

5. 优先使用数据表达，其次引用法规条文。确保数据真实性，必要时写明数据来源。避免过分主观如"我认为……"。

6. 列点分析问题，先列出最重要问题以"文中主要描述段落—现状—建议"的方式撰写。

7. 引用论文需标注来源。

[1]刘永泉, 凌博闻, 徐鹏飞. 谈 ×× 红树林保护区的湿地生态保护[J].河北农业科学, 2009, 13(4):97-99.

图6.1　意见信范例（1）

5. 优先使用数据表达，其次引用法律法规，并写明信息来源和具体引用的条文

引用数据能达到更加直观的作用，引用法规条文则可以使部门清晰明确问题可能涉及的法律法规是什么，以上都有助于部门的决策判断。写明来源是为了让部门可以溯源数据出处和法规条文。如案例中的"保护区内的红树植物有 11 科 16 种""占全国红树种类的 43.2%""动物共 491 种"等属于数据的引用。

6. 列点分析问题，重要问题先列

列点分析问题并且把重要问题先列，是为了让部门对问题一目了然并快速判断这些问题的重要性顺序。在案例中，首先提出自然保护区调出后会导致红树林生境破碎化的主要问题，然后第二点再提出自然保护区可能会受围垦养殖侵占的次要问题。

7. 引用论文需标注来源

引用论文的内容需要标注来源，以便部门可以更好地溯源，并给予问题分析的明晰的论据支撑。在案例中，论述红树林可能遭围垦养殖侵占时引用了论文《谈××红树林保护区的湿地生态保护》所提到的"周边挖塘养殖现象增加，海水养殖等渔业生产与红树林发展争夺矛盾突出"。

8. 需标注图片来源或制作图片的根据来源

意见信除了列点阐述问题和提出诉求以让表达清晰准确外，还可使用图片作为辅助。通常图片主要用于位置关系的表达。比如案例中，我们在卫星地图上勾画出自然保护区调出的范围。直接引用图片需注明来源（如:

环评报告），如果是根据某些信息制作的图需注明其来源。如案例中的"根据 ×× 红树林省级自然保护区调整方案公示绘制"。

9. 建议需有可行性，并列点逐个按顺序回应所阐述的问题矛盾点

当问题阐述分析完后，我们需提出相应的建议诉求。这些建议需有可行性，与部门职责相符。比如，我们无法向该省生态环境厅提出增加自然保护区监管的财政拨款，只能提出加强自然保护区的巡护监管。在案例中，保留拟调出的保护区范围以及加强自然保护区巡护都属于该省生态环境厅的职能，并且逐点回应了问题。

10. 重申部门的职责

在意见信的末尾，重申部门职能的重要性在于提醒部门意见信所表达的信息是部门的职责所在，需要予以跟进。在案例中，意见信的末尾提出了"严格把关调整 ×× 红树林自然保护区""确保保护区内独特的岩生红树林及其湿地生态系统与景观不受破坏"均属于该省生态环境厅的职能。

11. 提醒部门书面函复

一般在意见信最后都会加上"敬盼拨冗函复"的词句。这是因为如果能获得部门的书面回复，将会使后续的倡议推动有明确的官方依据。

图1 ××红树林省级自然保护区××片区调出范围
（部分）

<u>图源：根据××红树林省级自然保护区调整方案公示绘制</u>[8]

<u>综合以上内容，我们谨以粗浅的、有限的知识提出以下意见和建议</u>[9]：

1. 保留××片区拟调出的 124.21 公顷保护区范围，以保障红树林生境的整体性；

2. 加强日常巡护，避免周边养殖污水排入红树林，影响红树林生境。

诚挚期待贵市对上述意见给予考虑，<u>严格把关调整××红树林自然保护区的建议，以确保保护区内独特的岩生红树林及其湿地生态系统与景观不受破坏，保证维持区域内重要的生物多样性</u>[10]，为子孙后代留下更多鸟语花香。

<u>敬盼拨冗函复</u>[11]。特此建议。

此致
敬礼

（机构名称）

联系人：×××

联系电话：×××

8. 需要注明图片来源，或者根据什么来源的信息制作。

9. 列点提出建议，提出的建议必须具有可行性，并属于你列举的矛盾点的解决方法。

10. 重申部门应有的职责。

11. 提醒部门书面回复（必要时可提出见面请求）。

图6.2 意见信范例（2）

附录三 议案 / 提案的撰写

两会的议案 / 提案通常是在政策法规层面，要求和建议部门作出修改完善。社会组织相较于人大代表和政协委员，更加熟悉基层，并且富有实践经验。与此同时，人大代表或政协委员需要议案 / 提案的素材。二者可以互取所需。因此，通过人大代表或政协委员递交议案 / 提案可以让政策倡导的辐射面更广。另外，两会的议案 / 提案撰写也是对社会组织机构业务很好的梳理，让机构业务与社会需求联系更紧密。

CECA 在跟进个案过程中，主要通过部门致信的方式进行政策倡导，有时一封意见信就可以让政府部门采纳建议。随着跟进个案的累积，CECA 总结出一些实务经验或者个案在政策法规方面共性的问题，通过编制研究报告来梳理问题。但是这些问题无法通过某个职能部门去解决，可能需要多部门协作。这时，可以通过人大代表或政协委员提交议案 / 提案的方式间接地进行建言献策。一般提交议案 / 提案给代表或委员的时间在每年的 12 月到次年 1 月，因此，公众或社会组织可根据自己的需求安排议案 / 提案撰写的计划。

（一）议案 / 提案主要格式及注意事项

1. 议案 / 提案主要格式

议案 / 提案的撰写格式有专门的印发要求，所有的两会议案 / 提案必须按照规定格式进行撰写。总体要求如下：

（1）标题简洁，相当于用一句话，把议案 / 提案主要表达的问题或诉求讲清楚，与意见信的标题要求相类似。但意见信标题主要提出的是具体的细节问题，而议案 / 提案主要提出的是宏观建议。

(2) 正文一般包含案由、案据和建议三个部分。

(3) 案由：阐述问题的背景。运用简明的文字说明议案 / 提案要求解决什么问题，案由和提案内容要一致。在案由中通常会提出议题相关的政策法规。

(4) 案据：这部分与意见信正文部分"列点提问题"类似。主要分析案由提出问题的原因，提出问题的依据。问题的原因分析要有具体案例情况、数据分析，实事求是，简明扼要，切忌笼统、空泛。但与意见信不同的是，议案 / 提案中一般不列出引用的数据或论文来源，也不会写明人名或部门机构名称。

(5) 建议：这部分与意见信正文部分"列点提建议"类似。主要是针对案由、案据反映和分析的问题，提出解决问题的主张和办法。建议需具有一定的可行性，且一般逐一回应案据所提的问题。同样地，议案 / 提案建议不会提出具体部门的机构名称。

(6) 一事一案，切忌一案多事。

(7) 字数：一份较规范的议案 / 提案的字数约 1800 字。

2. 议案 / 提案注意事项

(1) 不建议放图表，但要有数据，数据直接写明于正文且不需要有来源引用。

（2）文字评述，直指要点。

（3）平衡专业性和可读性，代表或委员一般不熟悉相关领域，因此议案/
提案需要在专业性和可读性之间作出平衡，既不能空泛无专业信息，
也不能有太多专业术语，晦涩难懂。

（4）尽量切合主旋律，以小见大，提升高度。

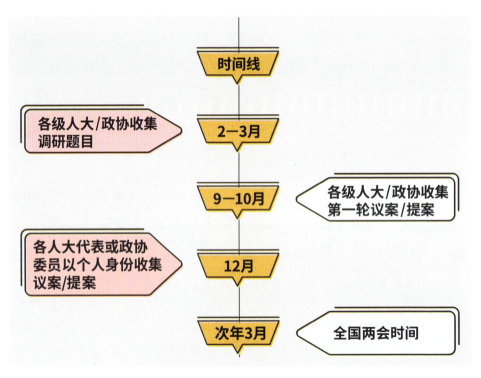

图 6.3　两会提案时间线

找到人大代表或政协委员信息后，在合适时间进行联系是政策倡导最重要
的一环（如图 6.3 所示）。根据《中华人民共和国全国人民代表大会组织法》

及政协有关规定，全国人民代表大会代表和政协委员每届任期五年。因此在找到代表或委员信息后，应在区、市、省、国家的人大／政协网站上，确认代表或委员是否属于任职期。

每年2—3月，是各级人大／政协收集调研题目的时间。社会组织可把机构内发现的问题，通过文书形式，把问题现状、已有调研数据发给当地的人大／政协。若调研题目通过，可与代表或委员就问题共同调研。

每年9—10月，各级人大／政协会收集第一轮议案／提案。此次收集到的议案／提案将在11月进行筛查，质量好的将会由各级人大／政协以集体议案／提案的形式递交。以集体议案／提案递交，会更容易受到相关政府部门重视。

每年12月，人大代表或政协委员会以个人身份开始收集议案／提案。此次收集到的议案／提案会在次年1月的各省市两会中递交。议案／提案需要经过内部审查，通过审查后将会立案，并转发给相关职能部门。政府部门会在次年3—4月，以书面和电话形式回复人大／政协。政府部门网站会公示部分议案／提案的答复结果。

每年3月，是全国的两会时间。全国人大／政协会在2月开始收集议案／提案。通过全国两会提出的议案／提案，会有媒体进行采访报道。因此，在递交全国两会议案／提案时，社会组织应准备好与议案／提案相关的数据及材料。

（二）案例参考

各地人大、政协的网站上都会对一些优秀议案或提案进行公示，我们可以对自己关注领域的相关关键词进行检索，查看相关议案／提案，如广州人大官网（如图 6.4 所示）。

图 6.4　广州人大官网

下面以广州人大官网上的"关于提升农村供水保障能力，加快推进农村供水基础设施改造的建议"作为案例，介绍议案／提案的具体撰写方法（如图 6.5 所示）。

关于提升农村供水保障能力，
加快推进农村供水基础设施改造的建议

农村饮水安全关乎农村群众的切身利益，是乡村振兴不可或缺的基础条件。习近平总书记对农村饮水安全工作多次作出重要指示，明确要求不能将饮水安全问题带入小康社会。水利部鄂竟平部长指出：水利系统应将农村饮水安全作为实施乡村振兴战略的底线任务来对待。

广州市辖区内除自来水公司建供水主管外，大部分农村供水管线为属地自建。市政供水管到村口，由区内水厂或村自建管供水；未接通自来水的片区，由村民自建供水工程取水（山水或地下水）。现状供水水量无法满足供水需求，尤其是夏季用水高峰期更是频繁停水。村内管网老旧漏损严重，管径不足，管材建设年代久远，管道漏损严重。改善农村居民饮用水条件，加快推进农村供水基础设施改造迫在眉睫。

一、农村供水设施存在的主要问题

（一）饮水安全难以保障。未通市自来水片区取用地下水和山泉水集中供水，水质个别指标不合格，雨季水质较差，饮水安全难以保障。

（二）部分区域水量水压不足。随着经济不断发展，外来人口及工厂企业剧增，供水水量已无法满足供水需求；位于供水管网末端或农村地势较高的区域，常常水量水压不足，夏季用水高峰期更是停水频繁，尤其是楼层较高的住户；季节性水量不足，为居民日常生活带来严重不便。

图 6.5　两会议案 / 提案案例

（三）村内管网老旧漏损严重。如白云区，目前已覆盖的村内供水管网，40%的村落存在管径不足的情况，近96%的村落管材建设年代过于久远，近75%的村落均出现不同程度的管道漏损情况，此外88%的村管道材质不达标（其中塑料管约占68%）。经统计，6间区内水厂的综合水损率24.3%，有的高达38.6%。

（四）农村供水管理制度不健全，不同程度地存在管理机构不健全、人员不到位、经费未落实、机制不完善等问题，导致农村供水设施缺少维护、水质难以保障。

（五）总表收费欠费较多。63%的村实行抄表到村，供水企业总表收费；34%的村管网覆盖区域落实了查表和收费到户；3%的村落无水表计数。由于管网跑、冒、滴、漏损耗以及村内供管理、人员费用分摊给村民，用水户缴费普遍高出全市统一水价，造成部分总表供水的村不同程度拖欠水费和污水处理费。

二、建议

为顺应农村发展新要求，落实乡村振兴战略、建设生态美丽宜居乡村，我市急需实施农村供水基础设施改造工程，提升农村供水保障能力，有效解决农村居民用水问题。

（一）增强责任感和紧迫感，加强政府主导作用，明确部门职责，在立项审批、占道施工、资金保障和拨付等方面通力协作，全力推进农村供水基础设施改造工作。

图6.5　两会议案/提案案例（续）

（二）全面摸查农村供水管网现状及问题，编制供水规划，制订具体改造计划，倒排工期，加快推进；优化供水水源，协调推进北部水厂建设，加快北部水厂与穗云水厂连通管工程。

（三）统筹推进供水资源整合，落实市委市政府逐步实现城乡供水一体化、城乡公共服务均等化的要求，通过与中心城区供水管网互连互通，实现同城、同网、同质、同价。

（四）建立健全农村饮用水安全管理责任体系，压实相关责任，加强监管力度，提升我区农村饮用水安全管理水平。各镇、村大力宣传、主动配合前期资料摸查、施工用地、水表入户安装、管网切换等工作，使农改水工程顺利推进。

（五）指导村社、企业或社区科学设置二次供水设施，督促加强供水设施的维护管理，加强水源地、储水池等风险隐患点的隐患排查整治，确保供水水质安全卫生。

图 6.5　两会议案 / 提案案例（续）

1. 标题

标题用一句话简明扼要地提出要加快推进农村供水基础设施改造，概括整个提案想表达的主要内容。

2. 案由

案由是指政策环境或者事件由来等，在进行某项提案时，可以将提案主体结合当下时政热点。案例一开始即表明要将农村饮水安全作为实施乡村振兴战略的底线任务。而后结合基层的问题，以小见大，深化主题。同时总结提案主要意图，即加快农村供水基础设施的改造迫在眉睫。在案由中，除了提及乡村振兴政策外，还引用了习近平总书记和水利部部长的话语，以此来凸显国家领导人和国家职能部门领导对农村饮水安全的关注，突出其重要性。

3. 案据

案据主要是分析案由中的问题，并分点阐述。分析的时候需要有相应的数据或相关案例为依据。在范文案例中，案据主要罗列了广州农村地区的"饮水安全难以保障""部分区域水量水压不足""村内管网老旧漏损严重""农村供水管理制度不健全"和"总表收费欠费较多"等问题。其中在分析"管网老旧漏损严重"问题时，用白云区"6 间区内水厂综合水损率 24.3%""近 75% 村落均出现不同程度的管道漏损情况"等数据作为支撑；在分析"总表收费欠费较多"问题时，则用数据"63%的村实行抄表到村，供水企业总表收费"来分析大多数的村庄因总表收费且村民需承担额外漏损和管理的费用而出现拖欠水费的现象。

4. 建议

建议主要是逐点回应案据所提的问题，提出可行的解决方案。在范文案例中，"全面摸查农村供水管网现状及问题""与中心城区供水管网互连互通，实现同城、同网、同质、同价""建立健全农村饮用水安全管理责任体系""科学设置二次供水设施"等都是可行的解决方案且逐点回应了案据中所提的问题。

附录四 政策倡导筹备及成效评估表

在政策倡导初期，需要为倡导行为设立一个目标，并由目标决定机构资源投入，并在政策倡导行为完成后根据对象反馈评估成效。

请自行完成评估指引。先根据实际情况完成一级内容的评估：政策倡导目标，政策倡导团队，政策倡导推动过程，政策倡导结果。完成后请查看资源投入。表 6.1 中第一部分是上述四项评分标准，第二部分则是机构建议投放的人力资源。

表 6.1 政策倡导筹备及成效评估表

政策倡导筹备及成效评估表

第一部分：政策倡导工作筹备评估

一级内容	二级内容	状态	分值说明					
			0	1	2	3	4	5
政策倡导目标	与机构核心业务相关性	1）机构未来三年发展方向符合度	机构有未来三年发展目标	机构有目标，有政策倡导方向	机构有目标，有政策倡导方向，但两者不符	机构有目标，有政策倡导方向，两者相符（或机构成立目标就是推动政策倡导）	机构有目标，有政策倡导方向，两者相符，有具体推进工作的方法	机构有目标，有政策倡导方向，两者相符，有具体推进工作的方法，以及改良政策的经验

（续表）

第一部分：政策倡导工作筹备评估

一级内容	二级内容	状态	0	1	2	3	4	5
						分值说明		
	与机构核心业务相关性	2) 机构现有业务方向符合度	机构无核心业务/机构有核心业务但不能正常开展	机构有核心业务，能正常开展	机构有核心业务，能正常开展，但与机构发展方向不相符	机构有核心业务，能正常开展，机构发展方向相符	机构有核心业务，能正常开展，机构发展方向相符，但与机构倡导目标不相符	机构有核心业务，能正常开展，与机构发展方向相符，与政策倡导目标相符
		3) 国家/地方"十四五"规划符合度	不清楚相关"十四五"规划有哪些	符合"十四五"规划战略导向	符合"十四五"规划战略导向，符合主要目标	符合"十四五"规划导向，属于推动项目	符合"十四五"规划战略导向，符合主要重点领域项目，属于先导性产业	符合"十四五"规划战略导向，属于推动重点领域项目，属于先导性产业，能提升公共服务质量
政策倡导目标		4) 现有法规政策方向符合度	不清楚相应议题没有相关法规	有找到相应法规但不清楚与倡议业务符合不符合	有了解机构核心业务5年前生效的政策法规	有了解机构核心业务3年前生效的政策法规	机构核心业务近2年对应生效的政策法规	机构核心业务新发布生效的政策法规
	与利益群体相符性	5) 与倡导目标立场相近的利益群体符合度	没找到立场相近的相关利益群体	立场相近的相关利益群体零散，没有作出政策倡导行为	立场相近的相关利益群体各自形成小团体，有尝试作出政策倡导行为	立场相近的相关利益群体有少量机构（民非或工商），政策部门不回应	立场相近的相关利益群体有形成一定数量的机构（民非或工商），每年作出政策倡导行为，政府部门部分回应	立场相近的相关利益群体有一定工商（民非或工商），机构每年作出政策倡导行为，政府回应良好问题
		6) 与倡导目标立场相反的利益群体符合度	没找到立场相反的相关利益群体	立场相反的相关利益群体零散，没有作出政策倡导行为	立场相反的相关利益群体各自形成小团体，有尝试作出政策倡导行为	立场相反的相关利益群体有少量机构（民非或工商），出政策倡导行为不回应	立场相反的相关利益群体有形成一定数量的机构（民非或工商），出政策倡导行为，政府部门部分回应	立场相反的相关利益群体有形成一定工商（民非或工商），机构每年作出政策倡导行为，政府作出良好回关法规回应问题

（续表）

第一部分：政策倡导工作筹备评估

一级内容	二级内容	状态	0	1	2	3	4	5
						分值说明		
政策倡导目标	反映问题	7）现有法规政策制度缺失合度	不属于	发现法规政策其中1处不完善	发现法规政策中1条不完善	发现法规政策其中2条不完善	发现法规政策有超过2条不完善	发现法规政策已不符合社会发展
		8）现有法规执行不足符合度	不属于	发现法规政策其中1条未执行	发现法规政策中1条未执行	发现法规政策其中2条未执行	发现法规政策中3条未执行	发现法规政策超过3条未执行
		9）违反现有法规政策符合度	不违反	发现已违反法规政策其中1处	发现已违反法规政策中1条	发现已违反法规政策多条	—	—
		10）反馈材料（多选）	没有调研数据	通过社交平台、利益相关方口述的数据	通过一般门户网站搜索的数据	通过知名新闻媒体、社会智库研究报告搜索的数据	通过政府公示、专业学术论文搜索的数据	通过具有专业资质机构进行专业、真实、科学调研而来的数据
		11）传播渠道（多选）	没有对外传播	通过机构/合作方公众号、微博、网站传播	通过专家研讨会、线下集会传播	通过知名媒体（财新、澎湃、界面、南方周末、三联等）报道	通过国家级/省级/地方级政府部门旗下新闻媒体传播	—

（续表）

第一部分：政策倡导工作筹备评估

一级内容	二级内容	状态	0	1	2	3	4	5
政策倡导团队	12) 机构团队情况		没有机构负责人	有1名兼职人，属于其他机构志愿者	有1名全职机构负责人，有多个业务板块全职负责人的政策倡导专职负责人	有全职机构负责人，有多个不同业务板块全职负责人，有政策倡导负责人但是志愿者	有全职机构负责人，业务板块负责人，1名专职政策倡导负责人，具有专业的倡导知识，属于机构全职	有专门做政策倡导的团队，1位专职负责人，多位队员均具有专业的政策倡导知识，并与其他业务板块紧密沟通
	13) 政策倡导团队情况（假设已有全职推进）		没有成员	有1~2名兼职团队成员，均为其他业务板块的同事	有1~2名专门做政策倡导团队成员，均为志愿者，没有专业政策倡导知识	有3名以上做政策倡导团队成员，均为志愿者，有专业的政策倡导知识	有3名以上专门做政策倡导团队成员，均为全职志愿者，有专业的政策倡导知识，会定期进行相关研究	有6名以上专门做政策倡导的团队人员，有专业的政策倡导知识，会定期进行相关研究
政策倡导推动过程	倡导工作的执行规范	14) 倡导工作有清晰的时间线	没有推进时间线	推进时间线只有概括的目标节点	推进时间目标有清晰节点，但没有指定负责人	推进时间线有清晰目标节点，任务节点，人员跟进分工	有清晰目标节点，任务节点，人员跟进时间	推进时间有清晰目标节点，任务节点，人员完成时间分工及完成定期考核进度的机制
		15) 倡导分工合理可量化	没有对倡导工作进行分工	倡导工作有简单分工，有匹配团队成员特长及专业	倡导工作有分工，有匹配团队成员特长及专业	倡导工作时间线分工，匹配任务及成员特长，定期完成的绩效	倡导工作有根据时间线分工，有匹配专业特长及成员绩效，制定完成特长及绩效，机构有定期考核的制度	—
		16) 倡导的资金提供符合倡导工作需要	没有预留倡导工作所需资金	有预留倡导工作所需资金	有详细计算倡导工作所需资金，有预留相关预算	有详细计算倡导资金，有配合任务节点的分配预算	—	—

（续表）

第一部分：政策倡导工作筹备评估

一级内容	二级内容	状态	分值说明					
			0	1	2	3	4	5
政策倡导推动过程	倡导工作的执行规范	17）团队成员执行工作符合时间及分工要求	团队成员完全不按照时间和分工执行	团队成员10%按照时间和分工执行	团队成员30%按照时间和分工执行	团队成员50%按照时间和分工执行	团队成员80%按照时间和分工执行	团队成员超过90%按照时间和分工执行
		18）政策倡导对象与政策倡导渠道通畅	倡导对象与机构倡导团队没有沟通渠道	倡导对象与机构倡导团队只有单一沟通渠道	倡导对象与机构倡导团队有多种沟通渠道，每年联系1~2次	倡导对象与机构倡导团队有多种沟通渠道，每年联系超过4次	—	—
		19）政策倡导工作的资金运转符合机构财务要求	倡导工作执行实际支出与预算偏差超过30%	倡导工作执行实际支出与预算偏差超过20%	倡导工作执行实际支出与预算偏差超过10%	倡导工作执行实际支出与预算偏差控制在5%	—	—
	倡导成效	20）倡导工作执行反馈形式	没任何反馈	信息公开申请	意见信/信访	两会提案	机构组织的研讨会/线下公众参与	公益诉讼
政策倡导结果		21）推动部门政策优化或暂缓	没有任何成效	部门口头答应政策优化	部门书面答应政策优化	部门相关文件承诺政策优化	部门落实推动政策优化	—

第一部分：政策倡导工作筹备评估

一级内容	二级内容	状态	分值说明					
			0	1	2	3	4	5
政策倡导结果	倡导成效	22) 推动部门履行职能	没有任何成效	部门口头承诺能根据承诺范围履行相关政策	部门书面承诺范围承诺根据履行相关政策	部门书面承诺根据职能履行范围，并开始落实推动执行	部门书面承诺根据职能范围履行相关政策，并制定相关考核指标	—
		23) 通过诉讼手段，让责任方按倡导目标内容执行	没发生/败诉	胜诉，责任方承担倡导目标内容10%内	胜诉，责任方承担倡导目标30%内容	胜诉，责任方承担倡导目标50%内容	胜诉，责任方承担倡导目标70%内容	胜诉，责任方承担倡导目标超过80%内容
		24) 政策倡导对象反馈	没任何反馈	1个月内有反馈	1~3个月内续反馈	4~6个月内持续反馈	7~12个月内持续反馈	超过1年以上持续反馈
	倡导影响	25) 倡导结果对社会发展的影响	没有倡导结果	倡导结果对社会发展带来负面影响	倡导结果对社会发展带来正面影响，但没引起公众响应	倡导结果对社会发展带来正面影响，有引起公众响应	—	—
		26) 利益群体对倡导结果的满意度	没有倡导结果	特定利益群体满意倡导结果	少量利益群体满意倡导结果	大部分利益群体满意倡导结果	—	—

（续表）

第一部分：政策倡导工作筹备评估

一级内容	二级内容	状态	分值说明					
			0	1	2	3	4	5
政策倡导结果	倡导影响	27) 社会公众对倡导结果的满意度	没有倡导结果	零散社会公众满意	倡导结果使社会公众加入后续主导工作	倡导结果使一定量社会公众主动加入后续工作，并逐渐成为利益群体	—	—
	倡导结果	28) 倡导结果反哺机构核心业务	没有倡导结果	有倡导结果，没核心业务	有倡导结果，有核心业务，两者不匹配	有倡导结果，有核心业务，两者匹配	有倡导结果，有核心业务，两者匹配，倡导结果不能推动核心业务发展	有倡导结果，有核心业务，两者匹配，倡导结果推动核心业务发展

第二部分：政策倡导工作成效评估

一级内容	二级内容	状态	分值说明
资源投入	1) 人力投入——核心志愿者	1～2位核心志愿者	总分值≤50
		3～5位核心志愿者	50＜总分值≤65
		6～10位核心志愿者	65＜总分值≤80
		11～15位核心志愿者	80＜总分值≤90
		15位以上核心志愿者	总分值＞90
	2) 人力投入——全职人员	1～2位全职人员	总分值≤50
		3～5位全职人员	50＜总分值≤65

（续表）

第二部分：政策倡导工作成效评估

一级内容	二级内容	状态		分值说明
资源投入	3) 人力投入——全职人员	6～10位全职人员		65＜总分值≤80
		11～15位全职人员		80＜总分值≤90
		15位以上全职人员		总分值＞90
	4) 时间投入——志愿者	总投入时间 20～30小时		总分值≤50
		总投入时间 31～50小时，志愿者时间投入不超总投入时间的30%		50＜总分值≤65
		总投入时间 51～100小时，志愿者时间投入不超总投入时间的30%		65＜总分值≤80
		总投入时间 101～300小时，志愿者时间投入不超总投入时间的50%		80＜总分值≤90
		总投入时间 301～500小时，志愿者时间投入不超总投入时间的70%		总分值＞90
	5) 时间投入——全职人员	总投入时间 20～30小时		总分值≤50
		总投入时间 31～50小时，全职人员时间投入不超总投入时间的30%		50＜总分值≤65
		总投入时间 51～100小时，全职人员时间投入不超总投入时间的30%		65＜总分值≤80
		总投入时间 101～300小时，全职人员时间投入不超总投入时间的50%		80＜总分值≤90
		总投入时间 301～500小时，全职人员时间投入不超总投入时间的70%		总分值＞90

附录五 能力评估表

表 6.2 从机构的独立性、资源、倡议方法、政府关系、科学性五个方面对组织政策倡导现状进行评估，显示组织现有政策倡导系统的优势和短板，作为调整策略的参考。请根据实际情况完成评估。每个选项后面的数字代表分值，请完成每个关键词板块后算出总分，可根据 5 个关键词总分分绘制五边形形达雷达图直观展示数据。

表 6.2 能力评估表

关键词	序号	选项	分值分布					
独立性（8分）	1	本人在机构内职务	(a) 志愿者 -0分	(b) 普通员工 -1分	(c) 管理人员 -2分	(d) 机构负责人 -3分		—
	2	政策倡导属于机构日常工作范畴吗？	(a) 否 -0分	(b) 是，非独立板块 -1分	(c) 是，独立板块 -2分			—
	3	基金会资助比例	(a)95% 以上 -0分	(b)60%～95% -1	(c)30%～59% -2分	(d)30% 以下 -3分		—
资源（8分）	1	您机构的全职人数	(a) 没有 -0分	(b)2 位以内 -1分	(c)4 位以内 -2分	(d)4 位及以上 -3分		—
	2	您机构中专门负责收集政府政策的人员人数	(a) 没有 -0分	(b) 有 1～2 位志愿者 -1分	(c) 有 3～4 位志愿者，其中 1 位属于专职岗位全职 -2分			—
	3	您的机构是否有外部政策倡导相关资源？	(a) 没有 -0分	(b) 有高校专家 -1分	(c) 有地方人大代表或政协委员资源 -2分	(d) 有全国人大代表或政协委员资源 -3分		—
倡议方法（8分）	1	您的机构在工作中接触到的政策倡导方式是？（多选）	(a) 法律手段（公益诉讼）-1分	(b) 多方行动（联盟游说、联合行动、多元共治等）-1分	(c) 媒体传播（通过媒体表达观点）-1分	(d) 专业性交流（学术研讨会等）-1分	(e) 线下公众参与活动 -1分	
	2	是否曾给部门写过建议信/意见信？	(a) 否 -0分	(b) 是 -1分				—

（续表）

关键词	序号	选项	分值分布				
倡议方法(8分)	3	是否写过提案？	(a) 否 -0分	(b) 是 -1分	—	—	—
	4	是否曾在某个法律、条例、规划的征求意见公示期间递交相关建议？	(a) 否 -0分	(b) 是 -1分	—	—	—
政府关系(8分)	1	您的机构在工作中接触到的政策倡导方式是？（多选）	(a) 直接提供相关政策建议（部门致信、信访、市长信箱、听证会等）-1分	(b) 通过人大／政协间接传递公众意见 -1分	—	—	—
	2	您的机构与部门的日常联系	(a) 没联系 -0分	(b) 有日常沟通、项目合作 -1分	(c) 有日常沟通，有项目资助 -2分	(d) 有日常沟通，有项目合作，政府支持占机构总支持占机构总支持占机构总支金30%以内 -3分	(e) 有日常沟通，有项目合作，政府支持占机构总资金30%及以上 -4分
	3	是否曾收到过部门回函？	(a) 否 -0分	(b) 否，只有回电 -1分	(c) 是，有回函 -2分	—	—
	4	是否提起行政复议？	(a) 否 -0分	(b) 是 -1分	—	—	—
科学性(8分)	1	您的机构主要业务板块是否有业务流程？	(a) 否 -0分	(b) 有分板块、没流程 -1分	(c) 有分板块、有梳理流程 -2分	—	—
	2	是否知道您的机构所关注的议题对应的行政主管部门？	(a) 否 -0分	(b) 知道部门，但不知道议题所在层级 -1分	(c) 知道部门，属于议题所在层级 -2分	—	—
	3	工作过程中是否发现相关法规存在的问题？	(a) 否 -0分	(b) 是 -1分	—	—	—
	4	是否了解关注议题的法律、案例、规划、规范、法规政策等适时更新？	(a) 不了解、不更新 -0分	(b) 是，每半年信息更新 -1分	(c) 是，每季度信息更新 -2分	(d) 是，每月信息更新 -3分	—

参考文献

[1]《中华人民共和国立法法》

[2]《中华人民共和国行政许可法》

[3]《中华人民共和国行政复议法》

[4]《中华人民共和国城乡规划法》

[5]《中华人民共和国环境保护法》

[6]《中华人民共和国全国人民代表大会和地方各级人民代表大会代表法》

[7]《中华人民共和国土地管理法》

[8]《环境保护公众参与办法》

[9]《中华人民共和国政府信息公开条例》

[10]《环境保护行政许可听证暂行办法》

[11]《国务院行政机构设置和编制管理条例》

[12]《防治海洋工程建设项目污染损害海洋环境管理条例》

[13]《信访工作条例》

[14]《中国人民政治协商会议章程》

[15]《最高人民法院关于审理环境民事公益诉讼案件适用法律若干问题的解释》

[16] 周仕凭 . 吹响开展生态环境教育"集结号"[J] . 环境教育, 2020 (1): 1.

[17] [美] 利贝卡·鲁宾，艾伦·鲁宾，达琳·皮尔 . 传播研究方法：策略与资料来源 [M]. 黄晓兰，肖明，丁迈，译 . 北京：华夏出版社，2000：170—180.

[18] 栾贵勤 . 发展战略概论 [M]. 上海: 上海财经大学出版社，2006.

[19] 张世君 . 企业战略管理 [M]. 武汉: 武汉理工大学出版社， 2006 : 87.

[20] 陈庆云 . 公共政策分析 [M]. 北京: 北京大学出版社， 2011.

[21] 王磊 . 企业量化管理 [M] . 北京: 中国经济出版社， 2012.

[22] 自然之友 . 环境政策倡导手册 [M] . 北京: 自然之友，2015:18-19.

[23] 生态环境部职责 . 中华人民共和国生态环境部官网 [EB/OL].[2022-07-14]. https://www.mee.gov.cn/zjhb/zyzz/201810/t20181011_660310.shtml.

[24] 水利部组织机构 . 中华人民共和国水利部官网 [EB/OL].[2022-07-14]. https://www.mwr.gov.cn/jg/zzjg/gyslb.

[25] 生态环境部职责 . 中华人民共和国生态环境部官网 [EB/OL].[2022-07-14]. https://www.mee.gov.cn/zjhb/zyzz/201810/t20181011_660310.shtml.

[26] 宝贝回家 . 百度百科 [EB/OL].[2022-07-14]. https://baike.baidu.com/item/%E5%AE%9D%E8%B4%9D%E5%9B%9E%E5%AE   fr=%B6/3943121？ aladdin.

[27] 施永忠 . 社会实践之调查问卷设计的指导 [EB/OL]. [2023-07-15]. https://hzzdfz.hzedu.gov.cn/article/detail/idhzzdfz_3514EF743AA68422ED34DAB7F734F1F4.htm.

后记

很感恩有万科公益基金会的支持，让我们接触到来自全国各地的那么多不同行业领域的一线社会组织。两年间，通过工作坊中的交流、机构的走访以及线上咨询，我们收获不少。我们了解到不同机构间的差异、面临的共性问题，经过梳理，我们编写出这本手册，希望它能供使用者在开展政策倡导时进行参考。

推动社会问题的解决，是一线社会组织的使命。正因为一线社会组织冲在最前面，会积累大量的个案。如果能将这些个案经验总结下来并有效地反馈给政策制定者，就可以帮助政策更"接地气"，从而有效地解决社会问题。

不管您是中小型前线社会组织负责人、大型社会组织的政策倡导部门负责人、有志创办以政策倡导为核心业务的机构的公益人，抑或仅仅是热心关注公共议题的群众，当您读完这本手册时，会发现手册中的各个部分是相互关联的，是一个系统，且互为因果。

如果您从开头的定义和法律依据读起，会发现正是这些法律赋予了公民进行政策倡导的权利，并且给予了明确清晰的指引。

如果您从机构自我评估读起，会发现只有做好了机构自我评估、知己知彼，才可以选择合适的渠道开展政策倡导工作。评估的同时包括了对现有法律法规政策的梳理，找出其"痛点"所在。

如果您从讲述倡导渠道和行动计划的实战工作技巧和模型读起，会发现有明确法律依据的倡导渠道的倡导效果会更好。

如果您从定期评估目标成效的机制读起，会发现这与机构自我评估相呼应，其实是一个不断复盘、推进的过程。

如果您直接从最后的案例读起，会发现手册中的不少方法和路径都已经被使用过，只是在不同的场景和条件下应该有不同的组合，以达到倡导效果的最优呈现。因此，不管您是公益小白还是资深公益人，希望本手册能让您在政策倡导的这条道路上找到参考答案——开展高效的政策倡导，推动社会问题的解决，让社会更美好。

由于学识所限、撰写时间仓促，手册中如存在不足和缺漏请各位读者批评指正。

CECA 编委会